I0165486

BIBLIOTHÈQUE

PORTATIVE

DU VOYAGEUR.

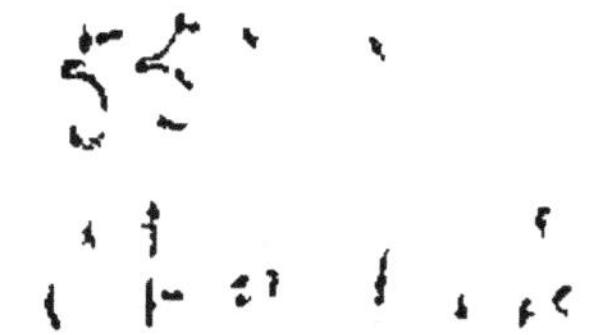

IMPRIMERIE DE C. L. F. PANCKOUCKE.

ŒUVRES

DE

J. B. POQUELIN DE MOLIÈRE.

TOME QUATRIÈME.

A PARIS,

CHEZ T. DESOER, LIBRAIRE, RUE POUPÉE, N°. 7.

A LIÉGE,

CHEZ J. F. DESOER, IMPRIMEUR-LIBRAIRE.

1815.

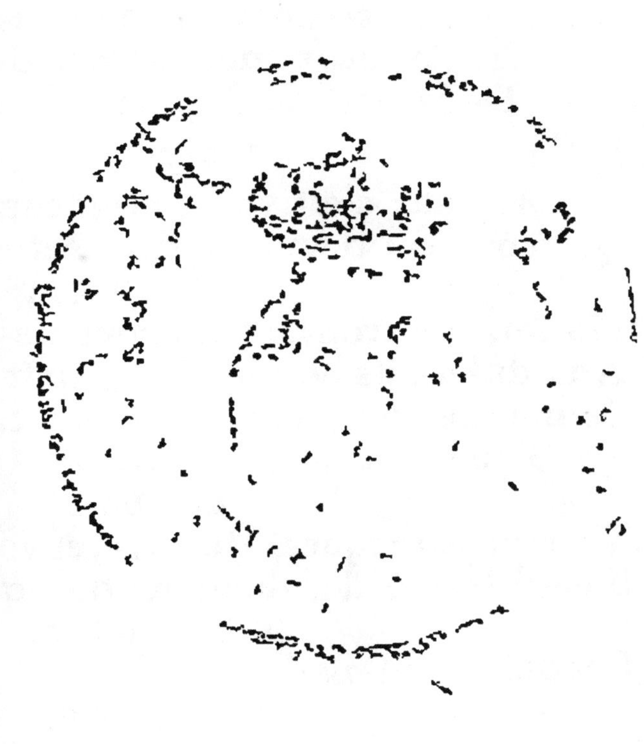

PROLOGUE.

MERCURE, *sur un nuage;* LA NUIT, *dans un char traîné dans l'air par deux chevaux.*

MERCURE.

TOUT beau, charmante Nuit, daignez vous arrêter.
Il est certain secours que de vous on desire;
Et j'ai deux mots à vous dire
De la part de Jupiter.

LA NUIT.

Ah! ah! c'est vous, seigneur Mercure!
Qui vous eût deviné là dans cette posture?

MERCURE.

Ma foi, me trouvant las pour ne pouvoir fournir
Aux differents emplois où Jupiter m'engage,
Je me suis doucement assis sur ce nuage
Pour vous attendre venir.

LA NUIT.

Vous vous moquez, Mercure, et vous n'y songez pas:
Sied-il bien à des dieux de dire qu'ils sont las?

MERCURE.

Les dieux sont-ils de fer?

LA NUIT.

Non, mais il faut sans cesse

AMPHITRYON.

Garder le décorum de la divinité.
Il est de certains mots dont l'usage rabaisse
Cette sublime qualité,
Et que, pour leur indignité,
Il est bon qu'aux hommes on laisse.

MERCURE.

A votre aise vous en parlez ;
Et vous avez, la belle, une chaise roulante
Où, par deux bons chevaux, en dame nonchalante,
Vous vous faites traîner par-tout où vous voulez.
Mais de moi ce n'est pas de même :
Et je ne puis vouloir, dans mon destin fatal,
Aux poetes assez de mal
De leur impertinence extrême,
D'avoir, par une injuste loi
Dont on veut maintenir l'usage,
A chaque dieu, dans son emploi,
Donné quelque allure en partage,
Et de me laisser à pied, moi,
Comme un messager de village ;
Moi qui suis, comme on sait, en terre et dans les cieux,
Le fameux messager du souverain des dieux ;
Et qui, sans rien exagérer,
Par tous les emplois qu'il me donne,
Aurais besoin plus que personne
D'avoir de quoi me voiturer.

LA NUIT.

Que voulez-vous faire à cela ?
Les poetes font à leur guise.

Ce n'est pas la seule sottise
Qu'on voit faire a ces messieurs-là.
Mais contre eux toutefois votre ame à tort s'irrite,
Et vos ailes aux pieds sont un don de leurs soins.

MERCURE.

Oui ; mais, pour aller plus vîte,
Est-ce qu'on s'en lasse moins ?

LA NUIT.

Laissons cela, seigneur Mercure,
Et sachons ce dont il s'agit.

MERCURE.

C'est Jupiter, comme je vous l'ai dit,
Qui de votre manteau veut la faveur obscure
Pour certaine douce aventure
Qu'un nouvel amour lui fournit.
Ses pratiques, je crois, ne vous sont pas nouvelles :
Bien souvent pour la terre il néglige les cieux ;
Et vous n'ignorez pas que ce maître des dieux
Aime à s'humaniser pour des beautés mortelles,
Et sait cent tours ingénieux
Pour mettre à bout les plus cruelles.
Des yeux d'Alcmène il a senti les coups ;
Et tandis qu'au milieu des béotiques plaines
Amphitryon, son époux,
Commande aux troupes thebaines,
Il en a pris la forme, et reçoit là-dessous
Un soulagement a ses peines
Dans la possession des plaisirs les plus doux.
L'état des mariés à ses feux est propice :
L'hymen ne les a joints que depuis quelques jours,

AMPHITRYON.

Et la jeune chaleur de leurs tendres amours
A fait que Jupiter à ce bel artifice
S'est avisé d'avoir recours.
Son stratagême ici se trouve salutaire :
Mais près de maint objet chéri
Pareil déguisement serait pour ne rien faire ;
Et ce n'est pas par-tout un bon moyen de plaire,
Que la figure d'un mari.

LA NUIT.

J'admire Jupiter, et je ne comprends pas
Tous les déguisements qui lui viennent en tête.

MERCURE.

Il veut goûter par-là toutes sortes d'états ;
Et c'est agir en dieu qui n'est pas bête.
Dans quelque rang qu'il soit des mortels regardé,
Je le tiendrais fort misérable
S'il ne quittait jamais sa mine redoutable,
Et qu'au faite des cieux il fût toujours guindé.
Il n'est point à mon gré de plus sotte méthode
Que d'être emprisonné toujours dans sa grandeur ;
Et sur-tout aux transports de l'amoureuse ardeur
La haute qualité devient fort incommode.
Jupiter, qui, sans doute, en plaisirs se connaît,
Sait descendre du haut de sa gloire suprême ;
Et pour entrer dans tout ce qui lui plaît,
Il sort tout-à-fait de lui-même,
Et ce n'est plus alors Jupiter qui paraît.

LA NUIT.

Passe encor de le voir de ce sublime étage
Dans celui des hommes venir,

PROLOGUE.

Prendre tous les transports que leur cœur peut
fournir,
Et se faire à leur badinage,
Si, dans les changements où son humeur l'engage,
A la nature humaine il s'en voulait tenir.
Mais de voir Jupiter taureau,
Serpent, cygne, ou quelque autre chose,
Je ne trouve point cela beau,
Et ne m'étonne pas si par fois on en cause.

MERCURE.

Laissons dire tous les censeurs:
Tels changements ont leurs douceurs
Qui passent leur intelligence.
Ce dieu sait ce qu'il fait aussi bien là qu'ailleurs;
Et dans les mouvements de leurs tendres ardeurs
Les bêtes ne sont pas si bêtes que l'on pense.

LA NUIT.

Revenons à l'objet dont il a les faveurs.
Si par son stratagême il voit sa flamme heureuse,
Que peut-il souhaiter, et qu'est-ce que je puis?

MERCURE.

Que vos chevaux par vous au petit pas réduits,
Pour satisfaire aux vœux de son ame amoureuse,
D'une nuit si délicieuse
Fassent la plus longue des nuits;
Qu'à ses transports vous donniez plus d'espace,
Et retardiez la naissance du jour
Qui doit avancer le retour
De celui dont il tient la place.

LA NUIT.

Voilà sans doute un bel emploi
Que le grand Jupiter m'apprête!
Et l'on donne un nom fort honnête
Au service qu'il veut de moi!

MERCURE.

Pour une jeune déesse,
Vous êtes bien du bon temps!
Un tel emploi n'est bassesse
Que chez les petites gens.
Lorsque dans un haut rang on a l'heur de paraître,
Tout ce qu'on fait est toujours bel et bon;
Et suivant ce qu'on peut être
Les choses changent de nom.

LA NUIT.

Sur de pareilles matières
Vous en savez plus que moi;
Et pour accepter l'emploi
J'en veux croire vos lumières.

MERCURE.

Hé! là, là, madame la Nuit,
Un peu doucement, je vous prie;
Vous avez dans le monde un bruit
De n'être pas si renchérie.
On vous fait confidente, en cent climats divers,
De beaucoup de bonnes affaires;
Et je crois, à parler à sentiments ouverts,
Que nous ne nous en devons guères.

LA NUIT.

Laissons ces contrariétés,

Et demeurons ce que nous sommes.
N'apprêtons point a rire aux hommes
En nous disant nos vérités.

MERCURE.

Adieu. Je vais là-bas, dans ma commission,
Dépouiller promptement la forme de Mercure,
Pour y vêtir la figure
Du valet d'Amphitryon.

LA NUIT.

Moi, dans cet hémisphère, avec ma suite obscure,
Je vais faire une station.

MERCURE.

Bon jour, la Nuit.

LA NUIT.

Adieu, Mercure.

(*Mercure descend de son nuage, et la Nuit traverse le théâtre.*)

FIN DU PROLOGUE.

AMPHITRYON,

COMÉDIE

EN TROIS ACTES.

1668.

PERSONNAGES.

JUPITER, sous la figure d'Amphitryon.
MERCURE, sous la figure de Sosie.
AMPHITRYON, general des Thébains.
ALCMÈNE, femme d'Amphitryon.
CLÉANTHIS, suivante d'Alcmene, et femme de Sosie.

ARGATIPHONTIDAS,	capitaines thébains.
NAUCRATÈS,	
POLIDAS,	
PAUSICLÈS,	

SOSIE, valet d'Amphitryon.

La scène est à Thèbes, dans le palais d'Amphitryon.

AMPHITRYON,

COMÉDIE.

ACTE PREMIER.

SCÈNE I.

SOSIE.

Qui va là? Hé! ma peur à chaque pas s'accroît!
Messieurs, ami de tout le monde.
Ah! quelle audace sans seconde
De marcher à l'heure qu'il est!
Que mon maître, couvert de gloire,
Me joue ici d'un vilain tour!
Quoi! si pour son prochain il avait quelque amour,
M'aurait-il fait partir par une nuit si noire?
Et, pour me renvoyer annoncer son retour
Et le détail de sa victoire,
Ne pouvait-il pas bien attendre qu'il fût jour?
Sosie, à quelle servitude
Tes jours sont-ils assujétis!
Notre sort est beaucoup plus rude
Chez les grands que chez les petits.

Ils veulent que pour eux tout soit, dans la nature,
    Obligé de s'immoler.
Jour et nuit, grêle, vent, péril, chaleur, froidure,
    Dès qu'ils parlent, il faut voler.
    Vingt ans d'assidu service
    N'en obtiennent rien pour nous :
    Le moindre petit caprice
    Nous attire leur courroux.
  Cependant notre ame insensée
S'acharne au vain honneur de demeurer près d'eux,
Et s'y veut contenter de la fausse pensée
Qu'ont tous les autres gens que nous sommes heureux.
Vers la retraite en vain la raison nous appelle,
En vain notre dépit quelquefois y consent;
    Leur vue a sur notre zele
    Un ascendant trop puissant,
Et la moindre faveur d'un coup-d'œil caressant
    Nous rengage de plus belle.
  Mais enfin, dans l'obscurité,
Je vois notre maison, et ma frayeur s'évade.
  Il me faudrait, pour l'ambassade,
  Quelque discours prémédité.
Je dois aux yeux d'Alcmène un portrait militaire
Du grand combat qui met nos ennemis à bas;
  Mais comment diantre le faire,
  Si je ne m'y trouvai pas?
N'importe, parlons-en et d'estoc et de taille,
    Comme oculaire témoin.
Combien de gens font-ils des récits de bataille

Dont ils se sont tenus loin !
Pour jouer mon rôle sans peine,
Je le veux un peu repasser.
Voici la chambre où j'entre en courrier que l'on mene ;
Et cette lanterne est Alcmène,
A qui je me dois adresser.
(*Sosie pose sa lanterne à terre.*)
Madame, Amphitryon, mon maître et votre époux...
(Bon ! beau début !) l'esprit toujours plein de vos charmes ,
M'a voulu choisir entre tous
Pour vous donner avis du succès de ses armes ,
Et du désir qu'il a de se voir près de vous.
« Ah ! vraiment, mon pauvre Sosie,
« A te revoir j'ai de la joie au cœur. »
Madame, ce m'est trop d'honneur,
Et mon destin doit faire envie.
(Bien répondu !) « Comment se porte Amphitryon ? »
Madame, en homme de courage,
Dans les occasions ou la gloire l'engage.
(Fort bien ! belle conception !)
« Quand viendra-t-il, par son retour charmant,
« Rendre mon ame satisfaite ?
Le plutôt qu'il pourra, madame, assurément,
Mais bien plus tard que son cœur ne souhaite.
(Ah !) « Mais quel est l'état où la guerre l'a mis ?
« Que dit-il ? que fait-il ? Contente un peu mon âme. »

Il dit moins qu'il ne fait, madame,
Et fait trembler les ennemis.
(Peste! où prend mon esprit toutes ces gentillesses?)
« Que font les révoltés? dis-moi, quel est leur sort? »
Ils n'ont pu résister, madame, à notre effort;
Nous les avons taillés en pièces,
Mis Ptérélas leur chef à mort,
Pris Télèbe d'assaut; et déjà dans le port
Tout retentit de nos prouesses.
« Ah! quel succès! ô dieux! Qui l'eût pu jamais croire!
« Raconte-moi, Sosie, un tel évènement. »
Je le veux bien, madame; et, sans m'enfler de gloire,
Du détail de cette victoire
Je puis parler très-savamment.
Figurez-vous donc que Télèbe,
Madame? est de ce côté;
(*Sosie marque les lieux sur sa main.*)
C'est une ville, en vérité,
Aussi grande quasi que Thèbe.
La riviere est comme là.
Ici nos gens se camperent;
Et l'espace que voilà,
Nos ennemis l'occuperent.
Sur un haut, vers cet endroit,
Etait leur infanterie;
Et plus bas, du côté droit,
Etait la cavalerie.

Après avoir aux dieux adressé les prières,
Tous les ordres donnés, on donne le signal :
Les ennemis, pensant nous tailler des croupières,
Firent trois pelotons de leurs gens à cheval ;
Mais leur chaleur par nous fut bientôt réprimée,
Et vous allez voir comme quoi.
Voilà notre avant-garde à bien faire animée ;
La, les archers de Créon, notre roi ;
Et voici le corps d'armée,
(*On fait un peu de bruit.*)
Qui d'abord... Attendez, le corps d'armée a peur :
J'entends quelque bruit, ce me semble.

SCÈNE II.

MERCURE, SOSIE.

MERCURE, *sous la figure de Sosie, sortant de la maison d'Amphitryon.*

Sous ce minois qui lui ressemble,
Chassons de ces lieux ce causeur,
Dont l'abord importun troublerait la douceur
Que nos amants goûtent ensemble.

SOSIE, *sans voir Mercure.*

Mon cœur tant soit peu se rassure,
Et je pense que ce n'est rien.
Crainte pourtant de sinistre aventure,
Allons chez nous achever l'entretien.

MERCURE, *a part.*

Tu seras plus fort que Mercure,
Ou je t'en empêcherai bien.

SOSIE, *sans voir Mercure.*

Cette nuit en longueur me semble sans pareille.
Il faut, depuis le temps que je suis en chemin,
Ou que mon maître ait pris le soir pour le matin,
Ou que trop tard au lit le blond Phébus sommeille,
Pour avoir trop pris de son vin.

MERCURE, *à part.*

Comme avec irrévérence
Parle des dieux ce maraud!
Mon bras saura bien tantôt
Châtier cette insolence :
Et je vais m'égayer avec lui comme il faut
En lui volant son nom avec sa ressemblance.

SOSIE, *apercevant Mercure d'un peu loin.*

Ah! par ma foi, j'avais raison :
C'est fait de moi, chétive créature!
Je vois devant notre maison
Certain homme dont l'encolure
Ne me présage rien de bon.
Pour faire semblant d'assurance,
Je veux chanter un peu d'ici.

(*Il chante.*)

MERCURE.

Qui donc est ce coquin qui prend tant de licence
Que de chanter et m'étourdir ainsi?
(*A mesure que Mercure parle, la voix de Sosie s'affaiblit peu-à-peu.*)
Veut-il qu'à l'étriller ma main un peu s'applique?

SOSIE, *à part.*

Cet homme assurément n'aime pas la musique.

MERCURE.

Depuis plus d'une semaine
Je n'ai trouvé personne à qui rompre les os :
La vigueur de mon bras se perd dans le repos,
Et je cherche quelque dos
Pour me remettre en haleine.

SOSIE, *à part.*

Quel diable d'homme est-ce ceci !
De mortelles frayeurs je sens mon ame atteinte.
Mais pourquoi trembler tant aussi ?
Peut-être a-t-il dans l'ame autant que moi de crainte,
Et que le drôle parle ainsi
Pour me cacher sa peur sous une audace feinte.
Oui, oui, ne souffrons point qu'on nous croie un oison :
Si je ne suis hardi, tâchons de le paraître.
Faisons-nous du cœur par raison :
Il est seul comme moi ; je suis fort ; j'ai bon maître :
Et voilà notre maison.

MERCURE.

Qui va là ?

SOSIE.

Moi.

MERCURE.

Qui moi ?

SOSIE.

(*à part.*)
Moi. Courage, Sosie !

MERCURE.

Quel est ton sort ? dis-moi.

SOSIE.

D'être homme, et de parler.

MERCURE.

Es-tu maître, ou valet?

SOSIE.

Comme il me prend envie.

MERCURE.

Où s'adressent tes pas?

SOSIE.

Où j'ai dessein d'aller.

MERCURE.

Ah! ceci me déplaît.

SOSIE.

J'en ai l'ame ravie.

MERCURE.

Résolument, par force ou par amour,
Je veux savoir de toi, traître,
Ce que tu fais, d'où tu viens avant jour,
Où tu vas, à qui tu peux être.

SOSIE.

Je fais le bien et le mal tour-à-tour;
Je viens de là, vais là; j'appartiens à mon maître.

MERCURE.

Tu montres de l'esprit, et je te vois en train
De trancher avec moi de l'homme d'importance.
Il me prend un désir, pour faire connaissance,
De te donner un soufflet de ma main.

SOSIE.

A moi-même?

MERCURE.

A toi-même, et t'en voilà certain.

(*Mercure donne un soufflet à Sosie.*)

SOSIE.

Ah! ah! c'est tout de bon.

MERCURE.

Non, ce n'est que pour rire,
Et répondre à tes quolibets.

SOSIE.

Tu-dieu! l'ami, sans vous rien dire,
Comme vous baillez des soufflets!

MERCURE.

Ce sont-là de mes moindre coups,
De petits soufflets ordinaires.

SOSIE.

Si j'étais aussi prompt que vous,
Nous ferions de belles affaires.

MERCURE.

Nous verrons bien autre chose;
Tout cela n'est encor rien.
Pour y faire quelque pause:
Poursuivons notre entretien.

SOSIE.

Je quitte la partie.

(*Sosie veut s'en aller.*)

MERCURE, *arrêtant Sosie.*

Où vas-tu?

SOSIE.

Que t'importe?

MERCURE.

Je veux savoir où tu vas.

SOSIE.

Me faire ouvrir cette porte.
Pourquoi retiens-tu mes pas?

MERCURE.

Si jusqu'à l'approcher tu pousses ton audace,
Je fais sur toi pleuvoir un orage de coups.

SOSIE.

Quoi! tu veux par ta menace,
M'empêcher d'entrer chez nous?

MERCURE.

Comment! chez nous?

SOSIE.

Oui, chez nous.

MERCURE.

O le traître!
Tu te dis de cette maison?

SOSIE.

Fort bien. Amphitryon n'en est-il pas le maître?

MERCURE.

Hé bien! que fait cette raison?

SOSIE.

Je suis son valet.

MERCURE.

Toi?

SOSIE.

Moi.

MERCURE.

Son valet?

SOSIE.

Sans doute.

MERCURE.

Valet d'Amphitryon?

SOSIE.

D'Amphitryon, de lui.

MERCURE.

Ton nom est?...

SOSIE.

Sosie.

MERCURE.

Hé! comment?

SOSIE.

Sosie.

MERCURE.

Ecoute.
Sais-tu que de ma main je t'assomme aujourd'hui?

SOSIE.

Pourquoi? De quelle rage est ton ame saisie?

MERCURE.

Qui te donne, dis-moi, cette témérite
De prendre le nom de Sosie?

SOSIE.

Moi, je ne le prends point, je l'ai toujours porté.

MERCURE.

O le mensonge horrible, et l'impudence extrême!
Tu m'oses soutenir que Sosie est ton nom?

SOSIE.

Fort bien, je le soutiens; par la grande raison
Qu'ainsi l'a fait des dieux la puissance suprême;

Et qu'il n'est pas en moi de pouvoir dire non,
Et d'être un autre que moi-même.

MERCURE.

Mille coups de bâton doivent être le prix
D'une pareille effronterie.

SOSIE, *battu par Mercure.*

Justice, citoyens! Au secours, je vous prie!

MERCURE.

Comment! bourreau, tu fais des cris!

SOSIE.

De mille coups tu me meurtris,
Et tu ne veux pas que je crie?

MERCURE.

C'est ainsi que mon bras...

SOSIE.

L'action ne vaut rien.
Tu triomphes de l'avantage
Que te donne sur moi mon manque de courage;
Et ce n'est pas en user bien.
C'est pure fanfaronnerie
De vouloir profiter de la poltronnerie
De ceux qu'attaque notre bras.
Battre un homme à jeu sûr n'est pas d'une belle ame;
Et le cœur est digne de blâme
Contre les gens qui n'en ont pas.

MERCURE.

Hé bien! es-tu Sosie à présent? qu'en dis-tu?

SOSIE.

Tes coups n'ont point en moi fait de métamorphose;
Et tout le changement que je trouve à la chose,

C'est d'être Sosie battu.

MERCURE, *menaçant Sosie.*

Encor! Cent autres coups pour cette autre impudence.

SOSIE.

De grâce, fais trève à tes coups.

MERCURE.

Fais donc trève à ton insolence.

SOSIE.

Tout ce qu'il te plaira; je garde le silence.
La dispute est par trop inégale entre nous.

MERCURE.

Es-tu Sosie encor? dis, traître!

SOSIE.

Hélas! je suis ce que tu veux:
Dispose de mon sort tout au gré de tes vœux:
Ton bras t'en a fait le maître.

MERCURE.

Ton nom était Sosie, à ce que tu disais?

SOSIE.

Il est vrai, jusqu'ici j'ai cru la chose claire;
Mais ton bâton sur cette affaire
M'a fait voir que je m'abusais.

MERCURE.

C'est moi qui suis Sosie, et tout Thèbes l'avoue:
Amphitryon jamais n'en eut d'autre que moi.

SOSIE.

Toi, Sosie?

MERCURE.

Oui, Sosie; et si quelqu'un s'y joue,

Il peut bien prendre garde à soi.

SOSIE, *à part.*

Ciel! me faut-il ainsi renoncer à moi-même,
Et par un imposteur me voir voler mon nom?
Que son bonheur est extrême
De ce que je suis poltron!
Sans cela, par la mort...

MERCURE.

Entre tes dents, je pense,
Tu murmures je ne sais quoi.

SOSIE.

Non. Mais, au nom des dieux, donne-moi la licence
De parler un moment à toi.

MERCURE.

Parle.

SOSIE.

Mais promets-moi, de grâce,
Que les coups n'en seront point.
Signons une treve.

MERCURE.

Passe :
Va, je t'accorde ce point.

SOSIE.

Qui te jette, dis-moi, dans cette fantaisie?
Que te reviendra-t-il de m'enlever mon nom?
Et peux-tu faire, enfin, quand tu serais démon,
Que je ne sois pas moi, que je ne sois Sosie?

MERCURE, *levant le bâton sur Sosie.*

Comment! tu peux....?

SOSIE.

Ah! tout doux:
Nous avons fait trève aux coups.

MERCURE.

Quoi! pendard, imposteur, coquin...

SOSIE.

Pour des injures,
Dis-m'en tant que tu voudras;
Ce sont légeres blessures,
Et je ne m'en fâche pas.

MERCURE.

Tu te dis Sosie?

SOSIE.

Oui. Quelque conte frivole...

MERCURE.

Sus, je romps notre trève, et reprends ma parole.

SOSIE.

N'importe. Je ne puis m'anéantir pour toi,
Et souffrir un discours si loin de l'apparence.
Etre ce que je suis est-il en ta puissance?
Et puis-je cesser d'être moi?
S'avisa-t-on jamais d'une chose pareille?
Et peut-on démentir cent indices pressants?
Rêvé-je? Est-ce que je sommeille?
Ai-je l'esprit troublé par des transports puissants?
Ne sens-je pas bien que je veille?
Ne suis-je pas dans mon bon sens?
Mon maître Amphitryon ne m'a-t-il pas commis
A venir en ces lieux vers Alcmène sa femme?
Ne lui dois-je pas faire, en lui vantant sa flamme,

Un récit de ses faits contre nos ennemis?
Ne suis-je pas du port arrivé tout-à-l'heure?
Ne tiens-je pas une lanterne en main?
Ne te trouvé-je pas devant notre demeure?
Ne t'y parle-je pas d'un esprit tout humain?
Ne te tiens-tu pas fort de ma poltronnerie?
Pour m'empêcher d'entrer chez nous,
N'as-tu pas sur mon dos exercé ta furie?
Ne m'as-tu pas roué de coups?
Ah! tout cela n'est que trop véritable;
Et, plût au ciel, le fût-il moins!
Cesse donc d'insulter au sort d'un misérable;
Et laisse à mon devoir s'acquitter de ses soins.

MERCURE.

Arrête, ou sur ton dos le moindre pas attire
Un assommant éclat de mon juste courroux.
Tout ce que tu viens de dire
Est à moi, hormi les coups.

SOSIE.

Ce matin du vaisseau, plein de frayeur en l'ame,
Cette lanterne sait comme je suis parti.
Amphitryon, du camp, vers Alcmène sa femme
M'a-t-il pas envoyé?

MERCURE.

Vous en avez menti.
C'est moi qu'Amphitryon députe vers Alcmène,
Et qui du port persique arrive de ce pas,
Moi, qui viens annoncer la valeur de son bras
Qui nous fait remporter une victoire pleine,
Et de nos ennemis a mis le chef à bas.

C'est moi qui suis Sosie enfin, de certitude,
Fils de Dave, honnête berger,
Frère d'Arpage mort en pays étranger,
Mari de Cléanthis la prude
Dont l'humeur me fait enrager,
Qui dans Thebe ai reçu mille coups d'étrivière
Sans en avoir jamais dit rien.
Et jadis en public fus marqué par derrière
Pour être trop homme de bien;

SOSIE, *bas, à part.*

Il a raison. A moins d'être Sosie,
On ne peut pas savoir tout ce qu'il dit;
Et, dans l'étonnement dont mon ame est saisie,
Je commence, à mon tour, à le croire un petit.
En effet, maintenant que je le considère,
Je vois qu'il a de moi taille, mine, action.
Faisons-lui quelque question,
Afin d'éclaircir ce mystère.
(*haut.*)
Parmi tout le butin fait sur nos ennemis,
Qu'est-ce qu'Amphitryon obtint pour son partage?

MERCURE.

Cinq fort gros diamants en nœud proprement mis,
Dont leur chef se parait comme d'un rare ouvrage.

SOSIE.

A qui destine-t-il un si riche present?

MERCURE.

A sa femme; et sur elle il le veut voir paraître.

SOSIE.

Mais où, pour l'apporter, est-il mis à présent?

MERCURE.

Dans un coffret scellé des armes de mon maître.

SOSIE, *à part.*

Il ne ment pas d'un mot à chaque repartie;
Et de moi je commence à douter tout de bon.
Près de moi par la force il est déjà Sosie;
Il pourrait bien encor l'être par la raison.
Pourtant, quand je me tâte, et que je me rappelle,
    Il me semble que je suis moi.
Où puis-je rencontrer quelque clarté fidèle
    Pour démêler ce que je voi?
Ce que j'ai fait tout seul et que n'a vu personne,
A moins d'être moi même on ne le peut savoir.
Par cette question il faut que je l'étonne;
C'est de quoi le confondre; et nous allons le voir.
  (*haut.*)
Lorsqu'on était aux mains, que fis-tu dans nos tentes,
    Où tu courus seul te fourrer?

MERCURE.

D'un jambon...

SOSIE, *bas, à part.*

L'y voilà!

MERCURE.

Que j'allai déterrer
Je coupai bravement deux tranches succulentes,
    Dont je sus fort bien me bourrer.
Et joignant à cela d'un vin que l'on ménage,
Et dont, avant le goût, les yeux se contentaient,
    Je pris un peu de courage
    Pour nos gens qui se battaient.

SOSIE, *bas, à part.*

Cette preuve sans pareille
En sa faveur conclut bien;
Et l'on n'y peut dire rien,
S'il n'était dans la bouteille.
(*haut.*)
Je ne saurais nier, aux preuves qu'on m'expose,
Que tu ne sois Sosie, et j'y donne ma voix.
Mais si tu l'es, dis-moi qui tu veux que je sois:
Car encor faut-il bien que je sois quelque chose.

MERCURE.

Quand je ne serai plus Sosie,
Sois-le, j'en demeure d'accord:
Mais tant que je le suis, je te garantis mort,
Si tu prends cette fantaisie.

SOSIE.

Tout cet embarras met mon esprit sur les dents,
Et la raison à ce qu'on voit s'oppose.
Mais il faut terminer enfin par quelque chose:
Et le plus court pour moi, c'est d'entrer là-dedans.

MERCURE.

Ah! tu prends donc, pendard, goût à la bastonnade?

SOSIE, *battu par Mercure.*

Ah! qu'est-ce ci, grands dieux! il frappe un ton plus fort,
Et mon dos pour un mois en doit être malade.
Laissons ce diable d'homme, et retournons au port.
O juste ciel! j'ai fait une belle ambassade!

MERCURE, *seul.*

Enfin je l'ai fait fuir; et, sous ce traitement,

De beaucoup d'actions il a reçu la peine.
Mais je vois Jupiter, que fort civilement
    Reconduit l'amoureuse Alcmène.

SCÈNE III.

JUPITER, *sous la figure d'Amphitryon;*
ALCMENE, CLEANTHIS, MERCURE.

JUPITER.

Défendez, chère Alcmène, aux flambeaux d'approcher.
Ils m'offrent des plaisirs en m'offrant votre vue;
Mais ils pourraient ici découvrir ma venue,
    Qu'il est à propos de cacher.
Mon amour, que gênaient tous ces soins éclatants
Où me tenait lié la gloire de nos armes,
Aux devoirs de ma charge a volé les instants
    Qu'il vient de donner à vos charmes.
Ce vol qu'à vos beautés mon cœur a consacré
Pourrait être blâmé dans la bouche publique,
    Et j'en veux pour témoin unique
    Celle qui peut m'en savoir gré.

ALCMÈNE.

Je prends, Amphitryon, grande part à la gloire
Que répandent sur vous vos illustres exploits;
    Et l'éclat de votre victoire
Sait toucher de mon cœur les sensibles endroits:
  Mais, quand je vois que cet honneur fatal
    Eloigne de moi ce que j'aime,
Je ne puis m'empêcher, dans ma tendresse extrême,

De lui vouloir un peu de mal,
Et d'opposer mes vœux à cet ordre suprême
Qui des Thébains vous fait le général.
C'est une douce chose, après une victoire,
Que la gloire où l'on voit son amour élevé ;
Mais, parmi les périls mêlés à cette gloire,
Un triste coup, hélas ! est bientôt arrivé.
De combien de frayeurs a-t-on l'ame blessée
Au moindre choc dont on entend parler !
Voit-on, dans les horreurs d'une telle pensée
Par où jamais se consoler
Du coup dont elle est menacée.
Et de quelque laurier qu'on couronne un vainqueur,
Quelque part que l'on ait à cet honneur suprême,
Vaut-il ce qu'il en coûte aux tendresses d'un cœur
Qui peut, à tout moment, trembler pour ce qu'il aime ?

JUPITER.

Je ne vois rien en vous dont mon feu ne s'augmente ;
Tout y marque à mes yeux un cœur bien enflammé ;
Et c'est, je vous l'avoue, une chose charmante
De trouver tant d'amour dans un objet aimé.
Mais, si je l'ose dire, un scrupule me gêne
Aux tendres sentiments que vous me faites voir ;
Et, pour les bien goûter, mon amour, chere Alcmene,
Voudrait n'y voir entrer rien de votre devoir ;
Qu'à votre seule ardeur, qu'à ma seule personne,
Je dusse les faveurs que je reçois de vous ;

Et que la qualite que j'ai de votre époux
Ne fût point ce qui me les donne.

ALCMÈNE.

C'est de ce nom pourtant que l'ardeur qui me brûle
Tient le droit de paraître au jour ;
Et je ne comprends rien à ce nouveau scrupule
Dont s'embarrasse votre amour.

JUPITER.

Ah ! ce que j'ai pour vous d'ardeur et de tendresse
Passe aussi celle d'un époux ;
Et vous ne savez pas, dans des moments si doux,
Quelle en est la délicatesse.
Vous ne concevez point qu'un cœur bien amoureux
Sur cent petits égards s'attache avec étude,
Et se fait une inquiétude
De la maniere d'être heureux.
En moi, belle et charmante Alcmène,
Vous voyez un mari, vous voyez un amant ;
Mais l'amant seul me touche, à parler franchement,
Et je sens, pres de vous, que le mari le gêne.
Cet amant, de vos vœux jaloux au dernier point,
Souhaite qu'à lui seul votre cœur s'abandonne ;
Et sa passion ne veut point
De ce que le mari lui donne.
Il veut de pure source obtenir vos ardeurs,
Et ne veut rien tenir des nœuds de l'hyménée,
Rien d'un fâcheux devoir qui fait agir les cœurs,
Et par qui tous les jours des plus cheres faveurs
La douceur est empoisonnée.
Dans le scrupule enfin dont il est combattu,

Il veut, pour satisfaire à sa délicatesse,
Que vous le sépariez d'avec ce qui le blesse,
Que le mari ne soit que pour votre vertu,
Et que de votre cœur de bonté revêtu
L'amant ait tout l'amour et toute la tendresse.

ALCMÈNE.

Amphitryon, en vérité,
Vous vous moquez de tenir ce langage;
Et j'aurais peur qu'on ne vous crût pas sage
Si de quelqu'un vous étiez écouté.

JUPITER.

Ce discours est plus raisonnable,
Alcmène, que vous ne pensez.
Mais un plus long séjour me rendrait trop coupable,
Et du retour au port les moments sont pressés.
Adieu. De mon devoir l'étrange barbarie
Pour un temps m'arrache de vous;
Mais, belle Alcmene, au moins, quand vous verrez l'époux,
Songez à l'amant, je vous prie.

ALCMÈNE.

Je ne sépare point ce qu'unissent les dieux;
Et l'époux et l'amant me sont fort précieux.

SCÈNE IV.

CLÉANTHIS, MERCURE.

CLÉANTHIS, *à part.*

O ciel! que d'aimables caresses
D'un époux ardemment chéri!

Et que mon traître de mari
Est loin de toutes ces tendresses!

MERCURE, *à part.*

La Nuit, qu'il me faut avertir,
N'a plus qu'à plier tous ses voiles;
Et, pour effacer les étoiles,
Le Soleil de son lit peut maintenant sortir.

CLEANTHIS, *arrêtant Mercure.*

Quoi! c'est ainsi que l'on me quitte?

MERCURE.

Et comment donc? ne veux-tu pas
Que de mon devoir je m'acquitte,
Et que d'Amphitryon j'aille suivre les pas?

CLEANTHIS.

Mais avec cette brusquerie,
Traître, de moi te séparer!

MERCURE.

Le beau sujet de fâcherie!
Nous avons tant de temps ensemble à demeurer!

CLEANTHIS.

Mais quoi! partir ainsi d'une façon brutale,
Sans me dire un seul mot de douceur pour regale!

MERCURE.

Diantre! où veux-tu que mon esprit
T'aille chercher des fariboles?
Quinze ans de mariage epuisent les paroles;
Et depuis un long temps nous nous sommes tout dit.

CLEANTHIS.

Regarde, traître, Amphitryon;
Vois combien pour Alcmene il etale de flamme,

Et rougis, là-dessus, du peu de passion
Que tu témoignes pour ta femme.

MERCURE.

Hé? mon dieu! Cleanthis, ils sont amants.
Il est certain âge où tout passe;
Et ce qui leur sied bien dans ces commencements,
En nous, vieux mariés, aurait mauvaise grâce.
Il nous ferait beau voir attachés face à face
A pousser les beaux sentiments!

CLEANTHIS.

Quoi! suis-je hors d'état, perfide, d'espérer
Qu'un cœur auprès de moi soupire?

MERCURE.

Non, je n'ai garde de le dire;
Mais je suis trop barbon pour oser soupirer,
Et je ferais crever de rire.

CLÉANTHIS.

Mérites-tu, pendard, cet insigne bonheur
De te voir pour épouse une femme d'honneur?

MERCURE.

Mon dieu! tu n'es que trop honnête;
Ce grand honneur ne me vaut rien,
Ne sois point si femme de bien,
Et me romps un peu moins la tête.

CLÉANTHIS.

Comment! de trop bien vivre on te voit me blâmer!

MERCURE.

La douceur d'une femme est tout ce qui me charme;
Et ta vertu fait un vacarme
Qui ne cesse de m'assommer

CLÉANTHIS.

Il te faudrait des cœurs pleins de fausses tendresses,
De ces femmes aux beaux et louables talents,
Qui savent accabler leurs maris de caresses
Pour leur faire avaler l'usage des galants.

MERCURE.

Ma foi, veux-tu que je te dise?
Un mal d'opinion ne touche que les sots;
Et je prendrais pour ma devise :
Moins d'honneur, et plus de repos.

CLÉANTHIS.

Comment! tu souffrirais, sans nulle repugnance,
Que j'aimasse un galant avec toute licence?

MERCURE.

Oui, si je n'étais plus de tes cris rebattu,
Et qu'on te vît changer d'humeur et de méthode.
J'aime mieux un vice commode
Qu'une fatigante vertu.
Adieu, Cléanthis, ma chère ame;
Il me faut suivre Amphitryon.

CLÉANTHIS, *seule.*

Pourquoi, pour punir cet infâme,
Mon cœur n'a-t-il assez de résolution?
Ah! que, dans cette occasion,
J'enrage d'être honnête femme!

FIN DU PREMIER ACTE.

ACTE SECOND.

SCÈNE I.

AMPHITRYON, SOSIE.

AMPHITRYON.

Viens çà, bourreau, viens çà. Sais-tu, maître frippon,
Qu'à te faire assommer ton discours peut suffire,
Et que, pour te traiter comme je le désire,
Mon courroux n'attend qu'un bâton?

SOSIE.

Si vous le prenez sur ce ton,
Monsieur, je n'ai plus rien a dire;
Et vous aurez toujours raison.

AMPHITRYON.

Quoi! tu veux me donner pour des vérités, traître,
Des contes que je vois d'extravagance outrés?

SOSIE.

Non : je suis le valet, et vous êtes le maître;
Il n'en sera, monsieur, que ce que vous voudrez.

AMPHITRYON.

Ça, je veux étouffer le courroux qui m'enflamme,
Et, tout du long, t'ouir sur ta commission.
Il faut, avant que voir ma femme,
Que je débrouille ici cette confusion.

Rappelle tous tes sens, rentre bien dans ton ame,
Et réponds mot pour mot à chaque question.

SOSIE.

Mais de peur d'incongruité,
Dites-moi, de grâce, à l'avance,
De quel air il vous plaît que ceci soit traité.
Parlerai-je, monsieur, selon ma conscience,
Ou comme auprès des grands on le voit usité?
Faut-il dire la vérité,
Ou bien user de complaisance?

AMPHITRYON.

Non; je ne te veux obliger
Qu'à me rendre de tout un compte fort sincère.

SOSIE.

Bon. C'est assez, laissez-moi faire;
Vous n'avez qu'à m'interroger.

AMPHITRYON.

Sur l'ordre que tantôt je t'avais su prescrire...

SOSIE.

Je suis parti, les cieux d'un noir crêpe voilés,
Pestant fort contre vous dans ce fâcheux martyre,
Et maudissant vingt fois l'ordre dont vous parlez.

AMPHITRYON.

Comment, coquin!

SOSIE.

Monsieur, vous n'avez rien qu'a dire;
Je mentirai, si vous voulez.

AMPHITRYON.

Voila comme un valet montre pour nous du zele!
Passons Sur les chemins que t'est-il arrivé?

SOSIE.

D'avoir une frayeur mortelle
Au moindre objet que j'ai trouvé.

AMPHITRYON.

Poltron!

SOSIE.

En nous formant, nature a ses caprices;
Divers penchants en nous elle fait observer:
Les uns à s'exposer trouvent mille délices;
Moi, j'en trouve à me conserver.

AMPHITRYON.

Arrivant au logis...?

SOSIE.

J'ai, devant notre porte,
En moi-même voulu répéter un petit
Sur quel ton et de quelle sorte
Je ferais du combat le glorieux récit.

AMPHITRYON.

Ensuite?

SOSIE.

On m'est venu troubler et mettre en peine.

AMPHITRYON.

Et qui?

SOSIE.

Sosie; un moi, de vos ordres jaloux,
Que vous avez du port envoyé vers Alcmène,
Et qui de nos secrets a connaissance pleine,
Comme le moi qui parle à vous.

AMPHITRYON.

Quels contes!

SOSIE.

Non, monsieur, c'est la vérité pure :
Ce moi plutôt que moi s'est au logis trouvé ;
Et j'étais venu, je vous jure,
Avant que je fusse arrivé.

AMPHITRYON.

D'où peut procéder, je te prie,
Ce galimatias maudit ?
Est ce songe ? est-ce ivrognerie,
Aliénation d'esprit,
Ou méchante plaisanterie ?

SOSIE.

Non, c'est la chose comme elle est,
Et point du tout conte frivole.
Je suis homme d'honneur, j'en donne ma parole ;
Et vous m'en croirez, s'il vous plaît.
Je vous dis que, croyant n'être qu'un seul Sosie,
Je me suis trouvé deux chez nous :
Et que, de ces deux moi piqués de jalousie,
L'un est à la maison, et l'autre est avec vous ;
Que le moi que voici, chargé de lassitude,
A trouvé l'autre moi frais, gaillard et dispos,
Et n'ayant d'autre inquiétude
Que de battre et casser des os.

AMPHITRYON.

Il faut être, je le confesse,
D'un esprit bien posé, bien tranquille, bien doux,
Pour souffrir qu'un valet de chansons me repaisse !

SOSIE.

Si vous vous mettez en courroux,

Plus de conférence entre nous :
Vous savez que d'abord tout cesse.

AMPHITRYON.

Non, sans emportement je te veux écouter,
Je l'ai promis. Mais dis, en bonne conscience,
Au mystère nouveau que tu me viens conter
Est-il quelque ombre d'apparence ?

SOSIE.

Non ; vous avez raison, et la chose à chacun
Hors de créance doit paraître.
C'est un fait à n'y rien connaître,
Un conte extravagant, ridicule, importun :
Cela choque le sens commun ;
Mais cela ne laisse pas d'être.

AMPHITRYON.

Le moyen d'en rien croire, à moins qu'être insensé !

SOSIE.

Je ne l'ai pas cru, moi ! sans une peine extrême.
Je me suis d'être deux senti l'esprit blessé,
Et long-temps d'imposteur j'ai traité ce moi-même.
Mais à me reconnaître enfin il m'a forcé ;
J'ai vu que c'était moi, sans aucun stratagême ;
Des pieds jusqu'a la tête il est comme moi fait,
Beau, l'air noble, bien pris, les manières charmantes :
Enfin deux gouttes de lait
Ne sont pas plus ressemblantes ;
Et, n'était que ses mains sont un peu trop pesantes,
J'en serais fort satisfait.

AMPHITRYON.

A quelle patience il faut que je m'exhorte!
Mais enfin n'es-tu pas entré dans la maison?

SOSIE.

Bon, entré! Hé! de quelle sorte?
Ai-je voulu jamais entendre de raison?
Et ne me suis-je pas interdit notre porte?

AMPHITRYON.

Comment donc?

SOSIE.

Avec un bâton,
Dont mon dos sent encore une douleur très-forte.

AMPHITRYON.

On t'a battu?

SOSIE.

Vraiment.

AMPHITRYON.

Et qui?

SOSIE.

Moi.

AMPHITRYON.

Toi, te battre?

SOSIE.

Oui, moi; non pas le moi d'ici,
Mais le moi du logis, qui frappe comme quatre.

AMPHITRYON.

Te confonde le ciel de me parler ainsi!

SOSIE.

Ce ne sont point des badinages.
Le moi que j'ai trouvé tantôt

Sur le moi qui vous parle a de grands avantages :
Il a le bras fort, le cœur haut :
J'en ai reçu des témoignages;
Et ce diable de moi m'a rossé comme il faut :
C'est un drôle qui fait des rages.

AMPHITRYON.

Achevons. As-tu vu ma femme?

SOSIE.

Non.

AMPHITRYON.

Pourquoi?

SOSIE.

Par une raison assez forte.

AMPHITRYON.

Qui t'a fait y manquer, maraud? Explique-toi.

SOSIE.

Faut-il le répéter vingt fois de même sorte?
Moi, vous dis-je; ce moi plus robuste que moi;
Ce moi qui s'est de force emparé de la porte,
Ce moi qui m'a fait filer doux;
Ce moi qui le seul moi veut être;
Ce moi de moi-même jaloux;
Ce moi vaillant dont le courroux
Au moi poltron s'est fait connaître;
Enfin ce moi qui suis chez nous;
Ce moi qui s'est montré mon maître;
Ce moi qui m'a roué de coups.

AMPHITRYON.

Il faut que ce matin, à force de trop boire,
Il se soit troublé le cerveau.

SOSIE.

Je veux être pendu si j'ai bu que de l'eau!
A mon serment on m'en peut croire.

AMPHITRYON.

Il faut donc qu'au sommeil tes sens se soient portés.
Et qu'un songe fâcheux, dans ces confus mystères,
T'ait fait voir toutes les chimères
Dont tu me fais des vérités.

SOSIE.

Tout aussi peu. Je n'ai point sommeillé,
Et n'en ai même aucune envie.
Je vous parle bien éveillé :
J'étais bien éveille ce matin, sur ma vie;
Et bien éveillé même était l'autre Sosie
Quand il m'a si bien étrillé.

AMPHITRYON.

Suis-moi, je t'impose silence.
C'est trop me fatiguer l'esprit;
Et je suis un vrai fou d'avoir la patience
D'ecouter d'un valet les sottises qu'il dit.

SOSIE, *à part.*

Tous les discours sont des sottises,
Partant d'un homme sans eclat :
Ce seraient paroles exquises
Si c'etait un grand qui parlât.

AMPHITRYON.

Entrons sans davantage attendre.
Mais Alcmene paraît avec tous ses appas;
En ce moment, sans doute, elle ne m'attend pas,
Et mon abord la va surprendre.

SCÈNE II.

ALCMÈNE, AMPHITRYON, CLEANTHIS, SOSIE.

ALCMÈNE, *sans voir Amphitryon.*

Allons pour mon époux, Cléanthis, vers les dieux
Nous acquitter de nos hommages,
Et les remercier des succès glorieux
Dont Thebes par son bras goûte les avantages.
(*apercevant Amphitryon*)
O dieux!

AMPHITRYON.

Fasse le ciel qu'Amphitryon vainqueur
Avec plaisir soit revu de sa femme;
Et que ce jour, favorable à ma flamme,
Vous redonne à mes yeux avec le même cœur,
Que j'y retrouve autant d'ardeur
Que vous en rapporte mon ame!

ALCMÈNE.

Quoi! de retour sitôt!

AMPHITRYON.

Certes, c'est en ce jour
Me donner de vos feux un mauvais témoignage;
Et ce *Quoi! sitôt de retour!*
En ces occasions n'est guere le langage
D'un cœur bien enflammé d'amour.
J'osais me flatter en moi-même
Que loin de vous j'aurais trop demeuré.
L'attente d'un retour ardemment desiré

Donne à tous les instants une longueur extrême ;
Et l'absence de ce qu'on aime,
Quelque peu qu'elle dure, a toujours trop duré.

ALCMÈNE.

Je ne vois...

AMPHITRYON.

Non, Alcmène, à son impatience
On mesure le temps en de pareils états ;
Et vous comptez les moments de l'absence
En personne qui n'aime pas.
Lorsque l'on aime comme il faut,
Le moindre éloignement nous tue ;
Et ce dont on chérit la vue
Ne revient jamais assez tôt.
De votre accueil, je le confesse,
Se plaint ici mon amoureuse ardeur ;
Et j'attendais de votre cœur
D'autres transports de joie et de tendresse.

ALCMÈNE.

J'ai peine à comprendre sur quoi
Vous fondez les discours que je vous entends faire ;
Et, si vous vous plaignez de moi,
Je ne sais pas, de bonne foi,
Ce qu'il faut pour vous satisfaire.
Hier au soir, ce me semble, à votre heureux retour,
On me vit témoigner une joie assez tendre,
Et rendre aux soins de votre amour
Tout ce que de mon cœur vous aviez lieu d'attendre.

AMPHITRYON.

Comment ?

ALCMÈNE.

Ne fis-je pas éclater à vos yeux
Les soudains mouvements d'une entière alégresse?
Et le transport d'un cœur peut-il s'expliquer mieux
Au retour d'un époux qu'on aime avec tendresse?

AMPHITRYON.

Que me dites-vous là?

ALCMÈNE.

Que même votre amour
Montra de mon accueil une joie incroyable;
Et que, m'ayant quittée à la pointe du jour,
Je ne vois pas qu'à ce soudain retour
Ma surprise soit si coupable.

AMPHITRYON.

Est-ce que du retour que j'ai précipité
Un songe, cette nuit, Alcmène, dans votre ame
A prévenu la vérité;
Et que, m'ayant peut-être en dormant bien traité,
Votre cœur se croit vers ma flamme
Assez amplement acquitté?

ALCMÈNE.

Est-ce qu'une vapeur par sa malignité,
Amphitryon, a dans votre ame
Du retour d'hier au soir brouillé la vérité;
Et que du doux accueil duquel je m'acquittai
Votre cœur prétend à ma flamme
Ravir toute l'honnêteté?

AMPHITRYON.

Cette vapeur, dont vous me régalez,

Est un peu, ce me semble, étrange.

ALCMÈNE.

C'est ce qu'on peut donner pour change
Au songe dont vous me parlez.

AMPHITRYON.

A moins d'un songe, on ne peut pas, sans doute,
Excuser ce qu'ici votre bouche me dit.

ALCMÈNE.

A moins d'une vapeur qui vous trouble l'esprit,
On ne peut pas sauver ce que de vous j'écoute.

AMPHITRYON.

Laissons un peu cette vapeur, Alcmène.

ALCMÈNE.

Laissons un peu ce songe, Amphitryon.

AMPHITRYON.

Sur le sujet dont il est question,
Il n'est guère de jeu que trop loin on ne mène.

ALCMÈNE.

Sans doute; et, pour marque certaine,
Je commence à sentir un peu d'émotion.

AMPHITRYON.

Est-ce donc que par-là vous voulez essayer
A réparer l'accueil dont je vous ai fait plainte?

ALCMÈNE.

Est-ce donc que par cette feinte
Vous désirez vous égayer?

AMPHITRYON.

Ah! de grâce, cessons, Alcmène, je vous prie,
Et parlons sérieusement.

ALCMÈNE.

Amphitryon, c'est trop pousser l'amusement ;
Finissons cette raillerie.

AMPHITRYON.

Quoi ! vous osez me soutenir en face
Que plutôt qu'à cette heure on m'ait ici pu voir ?

ALCMÈNE.

Quoi ! vous voulez nier avec audace
Que dès hier en ces lieux vous vîntes sur le soir ?

AMPHITRYON.

Moi, je vins hier ?

ALCMÈNE.

Sans doute ; et, dès devant l'aurore,
Vous vous en êtes retourné.

AMPHITRYON, *à part.*

Ciel ! un pareil debat s'est-il pu voir encore ?
Et qui de tout ceci ne serait étonné ?
Sosie.

SOSIE.

Elle a besoin de six grains d'ellébore,
Monsieur ; son esprit est tourné.

AMPHITRYON.

Alcmène, au nom de tous les dieux,
Ce discours a d'étranges suites !
Reprenez vos sens un peu mieux,
Et pensez à ce que vous dites.

ALCMÈNE.

J'y pense mûrement aussi ;
Et tous ceux du logis ont vu votre arrivée.
J'ignore quel motif vous fait agir ainsi ;

Mais si la chose avait besoin d'être prouvée,
S'il était vrai qu'on pût ne s'en souvenir pas,
De qui puis-je tenir, que de vous, la nouvelle
Du dernier de tous vos combats,
Et les cinq diamants que portait Pterélas
Qu'a fait dans la nuit éternelle
Tomber l'effort de votre bras?

AMPHITRYON.

Quoi! je vous ai déjà donné
Le nœud de diamants que j'eus pour mon partage,
Et que je vous ai destiné?

ALCMÈNE.

Assurément. Il n'est pas difficile
De vous en bien convaincre.

AMPHITRYON.

Et comment?

ALCMÈNE, *montrant le nœud de diamants à sa ceinture.*

Le voici.

AMPHITRYON.

Sosie!

SOSIE, *tirant de sa poche un coffret.*

Elle se moque, et je le tiens ici,
Monsieur; la feinte est inutile.

AMPHITRYON, *regardant le coffret.*

Le cachet est entier.

ALCMÈNE, *présentant à Amphytrion le nœud de diamants.*

Est-ce une vision?
Tenez. Trouverez-vous cette preuve assez forte?

AMPHITRYON.

Ah! ciel! ô juste ciel!

ALCMÈNE.

Allez, Amphitryon,
Vous vous moquez d'en user de la sorte,
Et vous en devriez avoir confusion.

AMPHITRYON.

Romps vîte ce cachet.

SOSIE, *ayant ouvert le coffret.*

Ma foi, la place est vide.
Il faut que, par magie, on ait su le tirer,
Ou bien que de lui-même il soit venu sans guide
Vers celle qu'il a su qu'on en voulait parer.

AMPHITRYON, *à part.*

O dieux, dont le pouvoir sur les choses préside,
Quelle est cette aventure, et qu'en puis-je augurer
Dont mon amour ne s'intimide?

SOSIE, *à Amphitryon.*

Si sa bouche dit vrai, nous avons même sort,
Et de même que moi, monsieur, vous êtes double.

AMPHITRYON.

Tais-toi.

ALCMÈNE.

Sur quoi vous étonner si fort?
Et d'où peut naître ce grand trouble?

AMPHITRYON, *à part.*

O ciel! quel étrange embarras!
Je vois des incidents qui passent la nature;
Et mon honneur redoute une aventure
Que mon esprit ne comprend pas.

ALCMÈNE.

Songez-vous, en tenant cette preuve sensible,
A me nier encor votre retour pressé?

AMPHITRYON.

Non : mais, à ce retour daignez, s'il est possible,
Me conter ce qui s'est passé.

ALCMÈNE.

Puisque vous demandez un récit de la chose,
Vous voulez dire donc que ce n'était pas vous?

AMPHITRYON.

Pardonnez-moi; mais j'ai certaine cause
Qui me fait demander ce récit entre nous.

ALCMÈNE.

Les soucis importants qui vous peuvent saisir
Vous ont-ils fait si vîte en perdre la mémoire?

AMPHITRYON.

Peut-être : mais enfin vous me ferez plaisir
De m'en dire toute l'histoire.

ALCMÈNE.

L'histoire n'est pas longue. A vous je m'avançai
Pleine d'une aimable surprise;
Tendrement je vous embrassai,
Et témoignai ma joie à plus d'une reprise.

AMPHITRYON, *à part.*

Ah! d'un si doux accueil je me serais passé.

ALCMÈNE.

Vous me fîtes d'abord ce présent d'importance,
Que du butin conquis vous m'aviez destiné.
Votre cœur avec véhémence
M'étala de ses feux toute la violence,

Et les soins importuns qui l'avaient enchaîné,
L'aise de me revoir, les tourments de l'absence,
Tout le souci que son impatience
Pour le retour s'était donné;
Et jamais votre amour, en pareille occurrence,
Ne me parut si tendre et si passionné.

AMPHITRYON, *à part.*

Peut-on plus vivement se voir assassiné !

ALCMÈNE.

Tous ces transports, toute cette tendresse,
Comme vous croyez bien, ne me déplaisaient pas;
Et, s'il faut que je le confesse,
Mon cœur, Amphitryon, y trouvait mille appas.

AMPHITRYON.

Ensuite, s'il vous plaît?

ALCMÈNE.

Nous nous entrecoupâmes
De mille questions qui pouvaient nous toucher.
On servit. Tête à tête, ensemble nous soupâmes;
Et, le souper fini, nous nous fûmes coucher.

AMPHITRYON.

Ensemble?

ALCMÈNE.

Assurément. Quelle est cette demande?

AMPHITRYON, *à part.*

Ah! c'est ici le coup le plus cruel de tous,
Et dont à s'assurer tremblait mon feu jaloux.

ALCMÈNE.

D'où vous vient, à ce mot, une rougeur si grande?
Ai-je fait quelque mal de coucher avec vous?

AMPHITRYON.

Non, ce n'était pas moi, pour ma douleur sensible;
Et qui dit qu'hier ici mes pas se sont portés
Dit de toutes les faussetés
La fausseté la plus horrible.

ALCMÈNE.

Amphitryon!

AMPHITRYON.

Perfide!

ALCMÈNE.

Ah! quel emportement!

AMPHITRYON.

Non, non, plus de douceur et plus de déference.
Ce revers vient à bout de toute ma constance;
Et mon cœur ne respire, en ce fatal moment,
Et que fureur et que vengeance.

ALCMÈNE.

De qui donc vous venger? et quel manque de foi
Vous fait ici me traiter de coupable?

AMPHITRYON.

Je ne sais pas, mais ce n'était pas moi·
Et c'est un désespoir qui de tout rend capable.

ALCMÈNE.

Allez, indigne époux, le fait parle de soi,
Et l'imposture est effroyable.
C'est trop me pousser là dessus,
Et d'infidélité me voir trop condamnée.
Si vous cherchez, dans ces transports confus,
Un prétexte à briser les nœuds d'un hyménée
Qui me tient à vous enchaînée,

Tous ces détours sont superflus;
Et me voilà déterminée
A souffrir qu'en ce jour nos liens soient rompus.

AMPHITRYON.

Après l'indigne affront que l'on me fait connaître,
C'est bien à quoi, sans doute, il faut vous préparer.
C'est le moins qu'on doit voir; et les choses peut-être
Pourront n'en pas là demeurer.
Le déshonneur est sûr, mon malheur m'est visible,
Et mon amour en vain voudrait me l'obscurcir;
Mais le détail encor ne m'en est pas sensible,
Et mon juste courroux prétend s'en éclaircir.
Votre frère déjà peut hautement répondre
Que, jusqu'à ce matin, je ne l'ai point quitté;
Je m'en vais le chercher, afin de vous confondre
Sur ce retour qui m'est faussement imputé.
Après, nous percerons jusqu'au fond d'un mystère
Jusques à présent inouï:
Et, dans les mouvements d'une juste colère,
Malheur à qui m'aura trahi!

SOSIE.

Monsieur...

AMPHITRYON.

Ne m'accompagne pas,
Et demeure ici pour m'attendre.

CLEANTHIS, *à Alcmène.*

Faut-il...?

ALCMÈNE.

Je ne puis rien entendre:
Laisse-moi seule, et ne suis point mes pas.

SCÈNE III.

CLÉANTHIS, SOSIE.

CLÉANTHIS, *a part.*

Il faut que quelque chose ait brouillé sa cervelle.
Mais le frère, sur-le-champ,
Finira cette querelle.

SOSIE, *a part.*

C'est ici pour mon maître un coup assez touchant:
Et son aventure est cruelle.
Je crains fort pour mon fait quelque chose approchant,
Et je m'en veux, tout doux, éclaircir avec elle.

CLEANTHIS, *a part.*

Voyez s'il me viendra seulement aborder!
Mais je veux m'empêcher de rien faire paraître.

SOSIE, *à part.*

La chose quelquefois est fâcheuse à connaître,
Et je tremble à la demander.
Ne vaudrait-il pas mieux, pour ne rien hasarder,
Ignorer ce qu'il en peut être?
Allons, tout coup vaille, il faut voir.
Et je ne m'en saurais défendre.
La foiblesse humaine est d'avoir
Des curiosités d'apprendre
Ce qu'on ne voudrait pas savoir

Dieu te gard', Cléanthis !

CLÉANTHIS.

Ah ! ah ! tu t'en avises,
Traître, de t'approcher de nous !

SOSIE.

Mon dieu ! qu'as-tu ? Toujours on te voit en courroux,
Et sur rien tu te formalises !

CLÉANTHIS.

Qu'appelles-tu sur rien ? dis.

SOSIE.

J'appelle sur rien
Ce qui sur rien s'appelle en vers ainsi qu'en prose :
Et rien, comme tu le sais bien,
Veut dire rien, ou peu de chose.

CLÉANTHIS.

Je ne sais qui me tient, infâme,
Que je ne t'arrache les yeux,
Et ne t'apprenne où va le courroux d'une femme.

SOSIE.

olà ! D'où te vient donc ce transport furieux ?

CLÉANTHIS.

Tu n'appelles donc rien le procédé peut-être
Qu'avec moi ton cœur a tenu ?

SOSIE.

Et quel ?

CLÉANTHIS.

Quoi ! tu fais l'ingénu !
Est-ce qu'à l'exemple du maître,
Tu veux dire qu'ici tu n'es pas revenu ?

SOSIE.

Non, je sais fort bien le contraire :
Mais, je ne t'en fais pas le fin,
Nous avions bu de je ne sais quel vin
Qui m'a fait oublier tout ce que j'ai pu faire.

CLÉANTHIS.

Tu crois peut-être excuser par ce trait...

SOSIE.

Non, tout de bon, tu m'en peux croire.
J'étais dans un état où je puis avoir fait
Des choses dont j'aurais regret,
Et dont je n'ai nulle mémoire.

CLÉANTHIS.

Tu ne te souviens point du tout de la manière
Dont tu m'as su traiter étant venu du port ?

SOSIE.

Non plus que rien : tu peux m'en faire le rapport.
Je suis équitable et sincère,
Et me condamnerai moi-même si j'ai tort.

CLÉANTHIS.

Comment ? Amphitryon m'ayant su disposer,
Jusqu'à ce que tu vins j'avais poussé ma veille ;
Mais je ne vis jamais une froideur pareille :
De ta femme il fallut moi-même t'aviser,
Et, lorsque je fus te baiser,
Tu détournas le nez, et me donnas l'oreille.

SOSIE.

Bon !

CLÉANTHIS.

Comment, bon ?

SOSIE.

Mon dieu ! tu ne sais pas pourquoi,
Cléanthis, je tiens ce langage :
J'avais mangé de l'ail, et fis en homme sage
De détourner un peu mon haleine de toi.

CLÉANTHIS.

Je te sus exprimer des tendresses de cœur :
Mais à tous mes discours tu fus comme une souche,
Et jamais un mot de douceur
Ne te put sortir de la bouche.

SOSIE, *à part.*

Courage !

CLÉANTHIS.

Enfin, ma flamme eut beau s'émanciper,
Sa chaste ardeur en toi ne trouva rien que glace,
Et, dans un tel retour, je te vis la tromper
Jusqu'à faire refus de prendre au lit la place
Que les lois de l'hymen t'obligent d'occuper.

SOSIE.

Quoi ! je ne couchai point ?

CLÉANTHIS.

Non, lâche.

SOSIE.

Est-il possible ?

CLÉANTHIS.

Traître ! il n'est que trop assuré.
C'est de tous les affronts l'affront le plus sensible ;
Et, loin que ce matin ton cœur l'ait réparé,
Tu t'es d'avec moi séparé
Par des discours chargés d'un mépris tout visible.

SOSIE, *à part.*

Vivat Sosie !

CLÉANTHIS.

Hé quoi ! ma plainte a cet effet !
Tu ris après ce bel ouvrage !

SOSIE.

Que je suis de moi satisfait !

CLÉANTHIS.

Exprime-t-on ainsi le regret d'un outrage ?

SOSIE.

Je n'aurais jamais cru que j'eusse été si sage.

CLÉANTHIS.

Loin de te condamner d'un si perfide trait,
Tu m'en fais éclater la joie en ton visage !

SOSIE.

Mon dieu ! tout doucement ! Si je parais joyeux,
Crois que j'en ai dans l'ame une raison très-forte,
Et que, sans y penser, je ne fis jamais mieux
Que d'en user tantôt avec toi de la sorte.

CLÉANTHIS.

Traître, te moques-tu de moi ?

SOSIE.

Non, je te parle avec franchise.
En l'état où j'étais, j'avais certain effroi
Dont, avec ton discours, mon ame s'est remise.
Je m'appréhendais fort, et craignais qu'avec toi
Je n'eusse fait quelque sottise.

CLÉANTHIS.

Quelle est cette frayeur ? et sachons donc pourquoi.

SOSIE.

Les médecins disent, quand on est ivre,
Que de sa femme on se doit abstenir,
Et que, dans cet état, il ne peut provenir
Que des enfants pesants et qui ne sauraient vivre.
Vois, si mon cœur n'eût su de froideur se munir,
Quels inconvéniens auraient pu s'en ensuivre !

CLÉANTHIS.

Je me moque des médecins
Avec leurs raisonnements fades :
Qu'ils règlent ceux qui sont malades,
Sans vouloir gouverner les gens qui sont bien sains.
Ils se mêlent de trop d'affaires,
De prétendre tenir nos chastes feux gênés,
Et sur les jours caniculaires
Ils nous donnent encore, avec leurs lois sévères,
De cent sots contes par le nez.

SOSIE.

Tout doux.

CLÉANTHIS.

Non, je soutiens que cela conclut mal ;
Ces raisons sont raisons d'extravagantes têtes.
Il n'est ni vin, ni temps, qui puisse être fatal
A remplir le devoir de l'amour conjugal ;
Et les médecins sont des bêtes.

SOSIE.

Contre eux, je t'en supplie, appaise ton courroux ;
Ce sont d'honnêtes gens, quoi que le monde en dise.

CLÉANTHIS.

Tu n'es pas où tu crois ; en vain tu files doux :

Ton excuse n'est point une excuse de mise,
Et je me veux venger tôt ou tard, entre nous,
De l'air dont chaque jour je vois qu'on me méprise.
Des discours de tantôt je garde tous les coups,
Et tâcherai d'user, lâche et perfide époux,
De cette liberté que ton cœur m'a permise.

SOSIE.

Quoi?

CLÉANTHIS.

Tu m'as dit tantôt que tu consentais fort,
Lâche, que j'en aimasse un autre.

SOSIE.

Ah! pour cet article j'ai tort.
Je m'en dédis, il y va trop du nôtre.
Garde-toi bien de suivre ce transport.

CLEANTHIS.

Si je puis une fois pourtant
Sur mon esprit gagner la chose...

SOSIE.

Fais à ce discours quelque pause.
Amphitryon revient, qui me paraît content.

SCÈNE IV.

JUPITER, CLÉANTHIS, SOSIE.

JUPITER, *à part.*

Je viens prendre le temps de rappaiser Alcmene,
De bannir les chagrins que son cœur veut garder,
Et donner a mes feux, dans ce soin qui m'amene,
Le doux plaisir de se raccommoder.

(*à Cléanthis.*)
Alcmène est là-haut, n'est-ce pas ?

CLEANTHIS.

Oui, pleine d'une inquiétude
Qui cherche de la solitude,
Et qui m'a défendu d'accompagner ses pas.

JUPITER.

Quelque défense qu'elle ait faite,
Elle ne sera pas pour moi.

SCÈNE V.

CLÉANTHIS, SOSIE.

CLÉANTHIS.

Son chagrin, à ce que je voi,
A fait une prompte retraite.

SOSIE.

Que dis-tu, Cléanthis, de ce joyeux maintien,
Après son fracas effroyable?

CLEANTHIS.

Que si toutes nous faisions bien,
Nous donnerions tous les hommes au diable,
Et que le meilleur n'en vaut rien.

SOSIE.

Cela se dit dans le courroux :
Mais aux hommes par trop vous êtes accrochées;
Et vous seriez, ma foi, toutes bien empêchées,
Si le diable les prenait tous.

CLEANTHIS.

Vraiment...

SOSIE.

Les voici. Taisons-nous.

SCÈNE VI.

JUPITER, ALCMENE, CLÉANTHIS, SOSIE.

JUPITER.

Voulez-vous me désespérer ?
Hélas ! arrêtez, belle Alcmène.

ALCMÈNE.

Non, avec l'auteur de ma peine
Je ne puis du tout demeurer.

JUPITER.

De grâce !...

ALCMÈNE.

Laissez-moi.

JUPITER.

Quoi !...

ALCMÈNE.

Laissez-moi, vous dis-je.

JUPITER, *bas, à part.*

Ses pleurs touchent mon ame, et sa douleur m'afflige.

(*haut.*)

Souffrez que mon cœur.

ALCMÈNE.

Non, ne suivez point mes pas.

JUPITER.

Ou voulez-vous aller ?

ALCMÈNE.

Où vous ne serez pas.

JUPITER.

Ce vous est une attente vaine.
Je tiens à vos beautés par un nœud trop serré
Pour pouvoir un moment en être séparé.
Je vous suivrai par-tout, Alcmène.

ALCMÈNE.

Et moi, par-tout je vous fuirai.

JUPITER.

Je suis donc bien épouvantable!

ALCMÈNE.

Plus qu'on ne peut dire, à mes yeux.
Oui, je vous vois comme un monstre effroyable,
Un monstre cruel, furieux,
Et dont l'approche est redoutable;
Comme un monstre à fuir en tous lieux.
Mon cœur souffre, à vous voir, une peine incroyable:
C'est un supplice qui m'accable;
Et je ne vois rien sous les cieux
D'affreux, d'horrible, d'odieux,
Qui ne me fût plus que vous supportable.

JUPITER.

En voilà bien, hélas! que votre bouche dit.

ALCMÈNE.

J'en ai dans le cœur davantage;
Et, pour l'exprimer tout, ce cœur a du dépit
De ne point trouver de langage.

JUPITER.

Hé! que vous a donc fait ma flamme,

Pour me pouvoir, Alcmène, en monstre regarder?

ALCMÈNE.

Ah! juste ciel! cela se peut-il demander?
Et n'est-ce pas pour mettre à bout une ame?

JUPITER.

Ah! d'un esprit plus adouci...

ALCMÈNE.

Non, je ne veux du tout vous voir ni vous entendre.

JUPITER.

Avez vous bien le cœur de me traiter ainsi?
Est-ce la cet amour si tendre
Qui devait tant durer quand je vins hier ici?

ALCMÈNE.

Non, non, ce ne l'est pas, et vos lâches injures
En ont autrement ordonné.
Il n'est plus, cet amour tendre et passionné;
Vous l'avez dans mon cœur par cent vives blessures
Cruellement assassiné:
C'est en sa place un courroux inflexible,
Un vif ressentiment, un dépit invincible,
Un désespoir d'un cœur justement animé,
Qui prétend vous haïr, pour cet affront sensible,
Autant qu'il est d'accord de vous avoir aimé;
Et c'est haïr autant qu'il est possible.

JUPITER.

Hélas! que votre amour n'avait guère de force,
Si de si peu de chose on le peut voir mourir!
Ce qui n'était que jeu doit-il faire un divorce?
Et d'une raillerie a-t-on lieu de s'aigrir?

ALCMÈNE.

Ah! c'est cela dont je suis offensée,
Et que ne peut pardonner mon courroux:
Des véritables traits d'un mouvement jaloux
Je me trouverais moins blessée.
La jalousie a des impressions
Dont bien souvent la force nous entraîne,
Et l'ame la plus sage, en ces occasions,
Sans doute avec assez de peine
Répond de ses émotions.
L'emportement d'un cœur qui peut s'être abusé
A de quoi ramener une ame qu'il offense;
Et, dans l'amour qui lui donne naissance,
Il trouve, au moins, malgré toute sa violence,
Des raisons pour être excusé.
De semblables transports contre un ressentiment
Pour défense toujours ont ce qui les fait naître;
Et l'on donne grâce aisément
A ce dont on n'est pas le maître.
Mais que, de gaieté de cœur,
On passe aux mouvements d'une fureur extrême,
Que, sans cause, l'on vienne, avec tant de rigueur,
Blesser la tendresse et l'honneur
D'un cœur qui chèrement nous aime;
Ah! c'est un coup trop cruel en lui-même,
Et que jamais n'oubliera ma douleur.

JUPITER.

Oui, vous avez raison, Alcmène; il se faut rendre.
Cette action, sans doute, est un crime odieux;
Je ne prétends plus la défendre:

Mais souffrez que mon cœur s'en défende à vos yeux,
Et donne au vôtre à qui se prendre
De ce transport injurieux.
A vous en faire un aveu véritable,
L'époux, Alcmène, a commis tout le mal;
C'est l'époux qu'il vous faut regarder en coupable:
L'amant n'a point de part à ce transport brutal,
Et de vous offenser son cœur n'est point capable.
Il a pour vous, ce cœur, pour jamais y penser,
Trop de respect et de tendresse;
Et, si de faire rien à vous pouvoir blesser
Il avait eu la coupable faiblesse,
De cent coups à vos yeux il voudrait le percer.
Mais l'époux est sorti de ce respect soumis
Où pour vous l'on doit toujours être;
A son dur procédé l'époux s'est fait connaître,
Et par le droit d'hymen il s'est cru tout permis.
Oui, c'est lui qui, sans doute, est criminel vers vous,
Lui seul a maltraité votre aimable personne;
Haïssez, détestez l'époux,
J'y consens, et vous l'abandonne:
Mais, Alcmène, sauvez l'amant de ce courroux
Qu'une telle offense vous donne;
N'en jetez pas sur lui l'effet,
Démêlez-le un peu du coupable:
Et, pour être enfin équitable,
Ne le punissez point de ce qu'il n'a pas fait.

ALCMÈNE.

Ah! toutes ces subtilités
N'ont que des excuses frivoles;

Et, pour les esprits irrités,
Ce sont des contre-temps que de telles paroles.
Ce détour ridicule est en vain pris par vous.
Je ne distingue rien en celui qui m'offense;
Tout y devient l'objet de mon courroux;
Et, dans sa juste violence,
Sont confondus et l'amant et l'époux.
Tous deux de même sorte occupent ma pensée:
Et des mêmes couleurs par mon ame blessée
Tous deux ils sont peints à mes yeux:
Tous deux sont criminels, tous deux m'ont offensée,
Et tous deux me sont odieux.

JUPITER.

Hé bien! puisque vous le voulez,
Il faut donc me charger du crime.
Oui, vous avez raison lorsque vous m'immolez
A vos ressentiments en coupable victime.
Un trop juste dépit contre moi vous anime;
Et tout ce grand courroux qu'ici vous étalez
Ne me fait endurer qu'un tourment légitime.
C'est avec droit que mon abord vous chasse,
Et que de me fuir en tous lieux
Votre colère me menace.
Je dois vous être un objet odieux;
Vous devez me vouloir un mal prodigieux.
Il n'est aucune horreur que mon forfait ne passe,
D'avoir offensé vos beaux yeux;
C'est un crime à blesser les hommes et les dieux;
Et je mérite enfin, pour punir cette audace,
Que contre moi votre haine ramasse

Tous ses traits les plus furieux.
Mais mon cœur vous demande grâce :
Pour vous la demander je me jette à genoux,
Et la demande au nom de la plus vive flamme,
Du plus tendre amour dont une ame
Puisse jamais brûler pour vous.
Si votre cœur, charmante Alcmène,
Me refuse la grâce où j'ose recourir,
Il faut qu'une atteinte soudaine
M'arrache, en me faisant mourir,
Aux dures rigueurs d'une peine
Que je ne saurais plus souffrir.
Oui, cet état me désespère.
Alcmène, ne présumez pas
Qu'aimant, comme je fais, vos célestes appas,
Je puisse vivre un jour avec votre colere.
Déjà de ces moments la barbare longueur
Fait sous des atteintes mortelles
Succomber tout mon triste cœur;
Et de mille vautours les blessures cruelles
N'ont rien de comparable à ma vive douleur.
Alcmène, vous n'avez qu'à me le declarer :
S'il n'est point de pardon que je doive espérer,
Cette épée aussitôt, par un coup favorable,
Va percer à vos yeux le cœur d'un misérable;
Ce cœur, ce traître cœur, trop digne d'expirer,
Puisqu'il a pu fâcher un objet adorable :
Heureux, en descendant au ténébreux séjour,
Si de votre courroux mon trépas vous ramène,
Et ne laisse en votre ame, après ce triste jour,

Aucune impression de haine
Au souvenir de mon amour !
C'est tout ce que j'attends pour faveur souveraine.

ALCMÈNE.

Ah ! trop cruel époux !

JUPITER.

Dites, parlez, Alcmène.

ALCMÈNE.

Faut-il encor pour vous conserver des bontés,
Et vous voir m'outrager par tant d'indignités ?

JUPITER.

Quelque ressentiment qu'un outrage nous cause,
Tient-il contre un remords d'un cœur bien enflammé ?

ALCMÈNE.

Un cœur bien plein de flamme à mille morts s'expose
Plutôt que de vouloir fâcher l'objet aimé.

JUPITER.

Plus on aime quelqu'un, moins on trouve de peine...

ALCMÈNE.

Non, ne m'en parlez point ; vous méritez ma haine.

JUPITER.

Vous me haïssez donc ?

ALCMÈNE.

J'y fais tout mon effort,
Et j'ai dépit de voir que toute votre offense
Ne puisse de mon cœur jusqu'à cette vengeance
Faire encore aller le transport.

JUPITER.

Mais pourquoi cette violence,
Puisque pour vous venger je vous offre ma mort?
Prononcez-en l'arrêt et j'obéis sur l'heure.

ALCMÈNE.

Qui ne saurait haïr peut-il vouloir qu'on meure?

JUPITER.

Et moi, je ne puis vivre à moins que vous quittiez
Cette colère qui m'accable,
Et que vous m'accordiez le pardon favorable
Que je vous demande à vos pieds.
(*Sosie et Cléanthis se mettent aussi à genoux.*)
Résolvez ici l'un des deux,
Ou de punir, ou bien d'absoudre.

ALCMÈNE.

Hélas! ce que je puis résoudre
Paraît bien plus que je ne veux.
Pour vouloir soutenir le courroux qu'on me donne,
Mon cœur a trop su me trahir:
Dire qu'on ne saurait haïr,
N'est-ce pas dire qu'on pardonne?

JUPITER.

Ah! belle Alcmène, il faut que, comblé d'alégresse...

ALCMÈNE.

Laissez. Je me veux mal de mon trop de faiblesse.

JUPITER.

Va, Sosie, et dépêche-toi,

Voir, dans les doux transports dont mon ame est
charmée,
Ce que tu trouveras d'officiers de l'armée,
Et les invite à dîner avec moi.

(*bas, à part.*)

Tandis que d'ici je le chasse,
Mercure y remplira sa place.

SCÈNE VII.

CLÉANTHIS, SOSIE.

SOSIE.

Hé bien! tu vois, Cléanthis, ce ménage.
Veux-tu qu'à leur exemple ici
Nous fassions entre nous un peu de paix aussi,
Quelque petit rapatriage?

CLÉANTHIS.

C'est pour ton nez, vraiment! cela se fait ainsi?

SOSIE.

Quoi tu ne veux pas!

CLÉANTHIS.

Non.

SOSIE.

Il ne m'importe guère.
Tant pis pour toi.

CLÉANTHIS.

La, là, revien.

SOSIE.

Non, morbleu! je n'en ferai rien,
Et je veux être, à mon tour, en colère.

CLÉANTHIS.

Va, va, traître, laisse-moi faire;
On se lasse par fois d'être femme de bien.

FIN DU SECOND ACTE.

ACTE TROISIÈME.

SCÈNE I.

AMPHITRYON.

Oui, sans doute, le sort tout exprès me le cache;
Et des tours que je fais, à la fin, je suis las.
Il n'est point de destin plus cruel, que je sache.
Je ne saurais trouver, portant partout mes pas,
    Celui qu'à chercher je m'attache,
Et je trouve tous ceux que je ne cherche pas.
Mille fâcheux cruels, qui ne pensent pas l'être,
De nos faits avec moi, sans beaucoup me connaître,
Viennent se réjouir pour me faire enrager.
Dans l'embarras cruel du souci qui me blesse,
De leurs embrassements et de leur alégresse
Sur mon inquiétude ils viennent tous charger.
    En vain à passer je m'apprête
    Pour fuir leurs persécutions,
Leur tuante amitié de tous côtés m'arrête;
Et tandis qu'à l'ardeur de leurs expressions
    Je réponds d'un geste de tête,
Je leur donne tout bas cent malédictions.
Ah! qu'on est peu flatté de louange, d'honneur,
Et de tout ce que donne une grande victoire,
Lorsque dans l'ame on souffre une vive douleur!
Et que l'on donnerait volontiers cette gloire

Pour avoir le repos du cœur !
Ma jalousie, à tout propos,
Me promène sur ma disgrace;
Et plus mon esprit y repasse,
Moins j'en puis débrouiller le funeste chaos.
Le vol des diamants n'est pas ce qui m'étonne :
On lève les cachets, qu'on ne l'aperçoit pas :
Mais le don qu'on veut qu'hier j'en vins faire en personne
Est ce qui fait ici mon cruel embarras.
La nature par fois produit des ressemblances
Dont quelques imposteurs ont pris droit d'abuser,
Mais il est hors de sens que, sous ces apparences,
Un homme pour époux se puisse supposer ;
Et dans tous ces rapports sont mille différences
Dont se peut une femme aisément aviser.
Des charmes de la Thessalie
On vante de tout temps les merveilleux effets :
Mais les contes fameux qui par-tout en sont faits
Dans mon esprit toujours ont passé pour folie ;
Et ce serait du sort une étrange rigueur
Qu'au sortir d'une ample victoire
Je fusse contraint de les croire
Aux dépens de mon propre honneur.
Je veux la retâter sur ce fâcheux mystère,
Et voir si ce n'est point une vaine chimère
Qui sur ses sens troublés ait su prendre crédit.
Ah ! fasse le ciel équitable
Que ce penser soit véritable,
Et que, pour mon bonheur, elle ait perdu l'esprit !

SCÈNE II.

MERCURE, AMPHITRYON.

MERCURE, *sur le balcon de la maison d'Amphitryon, sans être vu ni entendu par Amphitryon.*

Comme l'amour ici ne m'offre aucun plaisir,
Je m'en veux faire au moins qui soient d'autre nature,
Et je vais égayer mon sérieux loisir
A mettre Amphitryon hors de toute mesure.
Cela n'est pas d'un dieu bien plein de charité:
Mais aussi n'est-ce pas ce dont je m'inquiète:
Et je me sens par ma planète
A la malice un peu porté.

AMPHITRYON.

D'où vient donc qu'à cette heure on ferme cette porte?

MERCURE.

Holà! tout doucement. Qui frappe?

AMPHITRYON, *sans voir Mercure.*

Moi.

MERCURE.

Qui moi?

AMPHITRYON, *apercevant Mercure, qu'il prend pour Sosie.*

Ah! ouvre.

MERCURE.

Comment, ouvre! Et qui donc es-tu, toi

Qui fais tant de vacarme et parles de la sorte?

AMPHITRYON.

Quoi! tu ne me connais pas?

MERCURE.

Non,
Et n'en ai pas la moindre envie.

AMPHITRYON, *à part.*

Tout le monde perd-il aujourd'hui la raison?
Est-ce un mal répandu? Sosie! holà, Sosie!

MERCURE.

Hé bien, Sosie! oui, c'est mon nom;
As-tu peur que je ne l'oublie?

AMPHITRYON.

Me vois-tu bien?

MERCURE.

Fort bien. Qui peut pousser ton bras
A faire une rumeur si grande?
Et que demandes-tu là bas?

AMPHITRYON.

Moi, pendard! ce que je demande?

MERCURE.

Que ne demandes-tu donc pas?
Parle, si tu veux qu'on t'entende.

AMPHITRYON.

Attends, traître: avec un bâton
Je vais là-haut me faire entendre,
Et de bonne façon t'apprendre
A m'oser parler sur ce ton.

MERCURE.

Tout beau! Si pour heurter tu fais la moindre instance,
Je t'enverrai d'ici des messagers fâcheux.

AMPHITRYON.

O ciel! vit-on jamais une telle insolence?
La peut-on concevoir d'un serviteur, d'un gueux?

MERCURE.

Hé bien! qu'est-ce? M'as-tu tout parcouru par ordre?
M'as-tu de tes gros yeux assez considéré?
Comme il les écarquille, et paraît effaré!
Si des regards on pouvait mordre,
Il m'aurait déjà déchiré.

AMPHITRYON.

Moi-même je frémis de ce que tu t'apprêtes
Avec ces impudents propos.
Que tu grossis pour toi d'effroyables tempêtes!
Quels orages de coups vont fondre sur ton dos!

MERCURE.

L'ami, si de ces lieux tu ne veux disparaître,
Tu pourras y gagner quelque contusion.

AMPHITRYON.

Ah! tu sauras, maraud, à ta confusion,
Ce que c'est qu'un valet qui s'attaque à son maître.

MERCURE.

Toi, mon maître?

AMPHITRYON.

Oui, coquin. M'oses-tu méconnaître?

MERCURE.

Je n'en reconnais point d'autre qu'Amphitryon.

AMPHITRYON.

Et cet Amphitryon, qui, hors moi, le peut être?

MERCURE.

Amphitryon?

AMPHITRYON.

Sans doute.

MERCURE.

Ah! quelle vision!

Dis-nous un peu : Quel est le cabaret honnête
Où tu t'es coiffé le cerveau?

AMPHITRYON.

Comment! encore!

MERCURE.

Etait-ce un vin à faire fête?

AMPHITRYON.

Ciel!

MERCURE.

Etait-il vieux, ou nouveau?

AMPHITRYON.

Que de coups!

MERCURE.

Le nouveau donne fort dans la tête,
Quand on le veut boire sans eau.

AMPHITRYON.

Ah! je t'arracherai cette langue, sans doute.

MERCURE.

Passe, mon pauvre ami, crois-moi,
Que quelqu'un ici ne t'écoute.

Je respecte le vin. Va-t'en, retire-toi,
Et laisse Amphitryon dans les plaisirs qu'il goûte.

AMPHITRYON.

Comment! Amphitryon est là-dedans?

MERCURE.

Fort bien;
Qui, couvert des lauriers d'une victoire pleine,
Est auprès de la belle Alcmene
A jouir des douceurs d'un aimable entretien.
Après le démêlé d'un amoureux caprice,
Ils goûtent le plaisir de s'être rajustés.
Garde-toi de troubler leurs douces privautés,
Si tu ne veux qu'il ne punisse
L'excès de tes témérités.

SCÈNE III.

AMPHITRYON, *seul.*

Ah! quel étrange coup m'a-t-il porté dans l'ame!
En quel trouble cruel jette-t-il mon esprit!
Et si les choses sont comme le traître dit,
Où vois-je ici réduits mon honneur et ma flamme!
A quel parti me doit résoudre ma raison?
Ai-je l'éclat ou le secret à prendre?
Et dois-je, en mon courroux, renfermer ou répandre
Le deshonneur de ma maison!
Ah! faut-il consulter dans un affront si rude?
Je n'ai rien à prétendre, et rien à ménager;

Et toute mon inquiétude
Ne doit aller qu'à me venger.

SCÈNE IV.

AMPHITRYON, SOSIE; NAUCRATES ET POLIDAS *dans le fond du théâtre.*

SOSIE, *à Amphitryon.*

Monsieur, avec mes soins, tout ce que j'ai pu faire,
C'est de vous amener ces messieurs que voici.

AMPHITRYON.

Ah! vous voilà!

SOSIE.

Monsieur.

AMPHITRYON.

Insolent! téméraire!

SOSIE.

Quoi?

AMPHITRYON.

Je vous apprendrai de me traiter ainsi.

SOSIE.

Qu'est-ce donc? qu'avez-vous?

AMPHITRYON, *mettant l'épée à la main.*

Ce que j'ai, misérable!

SOSIE, *à Naucrates et à Polidas.*

Holà, messieurs, venez donc tôt.

NAUCRATES, *à Amphitryon.*

Ah! de grâce, arrêtez.

SOSIE.

De quoi suis-je coupable?

AMPHITRYON.

Tu me le demandes, maraud!
(*a Naucrates.*)
Laissez-moi satisfaire un courroux légitime.

SOSIE.

Lorsque l'on pend quelqu'un, on lui dit pourquoi c'est.

NAUCRATÈS, *à Amphitryon.*

Daignez nous dire au moins quel peut être son crime.

SOSIE.

Messieurs, tenez bon, s'il vous plaît.

AMPHITRYON.

Comment! il vient d'avoir l'audace
De me fermer ma porte au nez,
Et de joindre encor la menace
A mille propos effrénés!
(*voulant le frapper.*)
Ah! coquin!

SOSIE, *tombant à genoux.*

Je suis mort.

NAUCRATÈS, *à Amphitryon.*

Calmez cette colère.

SOSIE.

Messieurs.

POLIDAS, *à Sosie.*

Qu'est-ce?

SOSIE.

M'a-t-il frappé?

AMPHITRYON.

Non, il faut qu'il ait le salaire
Des mots où tout-à-l'heure il s'est émancipé.

SOSIE.

Comment cela se peut-il faire,
Si j'étais par votre ordre autre part occupé?
Ces messieurs sont ici pour rendre témoignage
Qu'a dîner avec vous je les viens d'inviter.

NAUCRATÈS.

Il est vrai qu'il nous vient de faire ce message,
Et n'a point voulu nous quitter.

AMPHITRYON.

Qui t'a donné cet ordre?

SOSIE.

Vous.

AMPHITRYON.

Et quand?

SOSIE.

Après votre paix faite,
Au milieu des transports d'une ame satisfaite
D'avoir d'Alcmene appaisé le courroux.
(*Sosie se releve.*)

AMPHITRYON.

O ciel! chaque instant, chaque pas
Ajoute quelque chose à mon cruel martyre;
Et, dans ce fatal embarras,
Je ne sais plus que croire ni que dire.

NAUCRATÈS.

Tout ce que de chez vous il vient de nous conter
Surpasse si fort la nature,

Qu'avant que de rien faire et de vous emporter,
Vous devez éclaircir toute cette aventure.

AMPHITRYON.

Allons; vous y pourrez seconder mon effort;
Et le ciel à propos ici vous a fait rendre.
Voyons quelle fortune en ce jour peut m'attendre;
Débrouillons ce mystère, et sachons notre sort.
Hélas! je brûle de l'apprendre,
Et je le crains plus que la mort.

(*Amphitryon frappe à la porte de sa maison.*)

SCÈNE V.

JUPITER, AMPHITRYON, NAUCRATÈS, POLIDAS, SOSIE.

JUPITER.

Quel bruit à descendre m'oblige?
Et qui frappe en maître où je suis?

AMPHITRYON.

Que vois-je? justes dieux!

NAUCRATÈS.

Ciel! quel est ce prodige?
Quoi! deux Amphitryons ici nous sont produits!

AMPHITRYON, *à part.*

Mon ame demeure transie!
Hélas! je n'en puis plus, l'aventure est à bout;
Ma destinée est éclaircie,
Et ce que je vois me dit tout.

NAUCRATÈS.

Plus mes regards sur eux s'attachent fortement,

Plus je trouve qu'en tout l'un à l'autre est semblable.

SOSIE, *passant du côté de Jupiter.*

Messieurs, voici le véritable;
L'autre est un imposteur digne de châtiment.

POLIDAS.

Certes, ce rapport admirable
Suspend ici mon jugement.

AMPHITRYON.

C'est trop être éludé par un fourbe exécrable;
Il faut avec ce fer rompre l'enchantement.

NAUCRATÈS, *à Amphitryon qui a mis l'épée à la main.*

Arrêtez.

AMPHITRYON.

Laissez-moi.

NAUCRATÈS.

Dieux! que voulez-vous faire?

AMPHITRYON.

Punir d'un imposteur les lâches trahisons.

JUPITER.

Tout beau! l'emportement est fort peu nécessaire;
Et lorsque de la sorte on se met en colère,
On fait croire qu'on a de mauvaises raisons.

SOSIE.

Oui, c'est un enchanteur qui porte un caractère
Pour ressembler aux maîtres des maisons.

AMPHITRYON, *à Sosie.*

Je te ferai, pour ton partage,
Sentir par mille coups ces propos outrageants.

SOSIE.

Mon maître est homme de courage,
Et ne souffrira point que l'on batte ses gens.

AMPHITRYON.

Laissez-moi m'assouvir dans mon courroux extrême,
Et laver mon affront au sang d'un scélérat.

NAUCRATÈS, *arrêtant Amphitryon.*

Nous ne souffrirons point cet étrange combat
D'Amphitryon contre lui-même.

AMPHITRYON.

Quoi ! mon honneur de vous reçoit ce traitement !
Et mes amis d'un fourbe embrassent la défense !
Loin d'être les premiers à prendre ma vengeance,
Eux-mêmes font obstacle à mon ressentiment !

NAUCRATÈS.

Que voulez-vous qu'à cette vue
Fassent nos résolutions,
Lorsque par deux Amphitryons
Toute notre chaleur demeure suspendue ?
A vous faire éclater notre zele aujourd'hui,
Nous craignons de faillir et de vous méconnaître.
Nous voyons bien en vous Amphitryon paraître,
Du salut des Thébains le glorieux appui ;
Mais nous le voyons tous aussi paraître en lui,
Et ne saurions juger dans lequel il peut être.
Notre parti n'est point douteux,
Et l'imposteur par nous doit mordre la poussière :
Mais ce parfait rapport le cache entre vous deux ;
Et c'est un coup trop hasardeux
Pour l'entreprendre sans lumiere.

Avec douceur laissez-nous voir
De quel côté peut être l'imposture;
Et, dès que nous aurons démêlé l'aventure,
Il ne nous faudra point dire notre devoir.

JUPITER.

Oui, vous avez raison; et cette ressemblance
A douter de tous deux vous peut autoriser.
Je ne m'offense point de vous voir en balance;
Je suis plus raisonnable, et sais vous excuser.
L'œil ne peut entre nous faire de différence,
Et je vois qu'aisément on s'y peut abuser.
Vous ne me voyez point témoigner de colère,
Point mettre l'épée à la main;
C'est un mauvais moyen d'éclaircir ce mystère,
Et j'en puis trouver un plus doux et plus certain.
L'un de nous est Amphitryon;
Et tous deux à vos yeux nous le pouvons paraître.
C'est à moi de finir cette confusion;
Et je prétends me faire à tous si bien connaître,
Qu'aux pressantes clartés de ce que je puis être
Lui-même soit d'accord du sang qui m'a fait naître,
Et n'ait plus de rien dire aucune occasion.
C'est aux yeux des Thébains que je veux avec vous
De la vérité pure ouvrir la connaissance;
Et la chose sans doute est assez d'importance
Pour affecter la circonstance
De l'éclaircir aux yeux de tous.
Alcmène attend de moi ce public témoignage;
Sa vertu, que l'éclat de ce désordre outrage,
Veut qu'on la justifie, et j'en vais prendre soin.

C'est à quoi mon amour envers elle m'engage;
Et des plus nobles chefs je fais un assemblage
Pour l'eclaircissement dont sa gloire a besoin.
Attendant avec vous ces témoins souhaités,
Ayez, je vous prie, agréable
De venir honorer la table
Où vous a Sosie invités.

SOSIE.

Je ne me trompais pas, messieurs; ce mot termine
Toute l'irrésolution;
Le véritable Amphitryon
Est l'Amphitryon où l'on dîne.

AMPHITRYON.

O ciel! puis-je plus bas me voir humilié!
Quoi! faut-il que j'entende ici pour mon martyre
Tout ce que l'imposteur à mes yeux vient de dire,
Et que, dans la fureur que ce discours m'inspire,
On me tienne le bras lié!

NAUCRATÈS, *à Amphitryon.*

Vous vous plaignez à tort. Permettez-nous d'attendre
L'écaircissement qui doit rendre
Les ressentiments de saison.
Je ne sais pas s'il impose,
Mais il parle sur la chose
Comme s'il avait raison.

AMPHITRYON.

Allez, faibles amis, et flattez l'imposture:
Thèbes en a pour moi de tout autres que vous;
Et je vais en trouver qui, partageant l'injure,

Sauront prêter la main à mon juste courroux.

JUPITER.

Hé bien ! je les attends, et saurai décider
Le différend en leur présence.

AMPHITRYON.

Fourbe, tu crois par-là peut-être t'évader ;
Mais rien ne te saurait sauver de ma vengeance.

JUPITER.

A ces injurieux propos
Je ne daigne à présent répondre,
Et tantôt je saurai confondre
Cette fureur avec deux mots.

AMPHITRYON.

Le ciel même, le ciel ne t'y saurait soustraire ;
Et jusques aux enfers j'irai suivre tes pas.

JUPITER.

Il ne sera pas nécessaire ;
Et l'on verra tantôt que je ne fuirai pas.

AMPHITRYON, *à part.*

Allons, courons, avant que d'avec eux il sorte,
Assembler des amis qui suivent mon courroux ;
Et chez moi venons à main forte
Pour le percer de mille coups.

SCÈNE VI.

JUPITER, NAUCRATÈS, POLIDAS, SOSIE.

JUPITER.

Point de façon, je vous conjure ;

Entrons vîte dans la maison.

NAUCRATÈS.

Certes, toute cette aventure
Confond le sens et la raison.

SOSIE.

Faites trève, messieurs, a toutes vos surprises;
Et pleins de joie allez tabler jusqu'à demain.
(*seul.*)
Que je vais m'en donner, et me mettre en beau train
De raconter nos vaillantises!
Je brûle d'en venir aux prises;
Et jamais je n'eus tant de faim.

SCÈNE VII.

MERCURE, SOSIE.

MERCURE.

Arrête. Quoi! tu viens ici mettre ton nez,
Impudent flaireur de cuisine!

SOSIE.

Ah! de grâce, tout doux!

MERCURE.

Ah! vous y retournez!
Je vous ajusterai l'échine.

SOSIE.

Hélas! brave et généreux moi,
Modere-toi, je t'en supplie.
Sosie, épargne un peu Sosie,
Et ne te plais pas tant à frapper dessus toi.

MERCURE.

Qui de t'appeler de ce nom
A pu te donner la licence?
Ne t'en ai-je pas fait une expresse défense,
Sous peine d'essuyer mille coups de bâton?

SOSIE.

C'est un nom que tous deux nous pouvons à-la-fois
Posséder sous un même maître.
Pour Sosie en tous lieux on sait me reconnaître;
Je souffre bien que tu le sois,
Souffre aussi que je le puisse être.
Laissons aux deux Amphitryons
Faire éclater des jalousies,
Et, parmi leurs contentions,
Faisons en bonne paix vivre les deux Sosies.

MERCURE.

Non, c'est assez d'un seul, et je suis obstiné
A ne point souffrir de partage.

SOSIE.

Du pas devant sur moi tu prendras l'avantage;
Je serai le cadet, et tu seras l'aîne.

MERCURE.

Non, un frère incommode, et n'est pas de mon goût,
Et je veux être fils unique.

SOSIE.

O cœur barbare et tyrannique!
Souffre qu'au moins je sois ton ombre.

MERCURE.

Point du tout.

SOSIE.

Que d'un peu de pitié ton ame s'humanise!
En cette qualité souffre-moi près de toi :
Je te serai par-tout une ombre si soumise,
Que tu seras content de moi.

MERCURE.

Point de quartier; immuable est la loi:
Si d'entrer là-dedans tu prends encor l'audace,
Mille coups en seront le fruit.

SOSIE.

Las! à quelle étrange disgrace,
Pauvre Sosie, es-tu réduit!

MERCURE.

Quoi! ta bouche se licencie
A te donner encore un nom que je défends!

SOSIE.

Non, ce n'est pas moi que j'entends,
Et je parle d'un vieux Sosie
Qui fut jadis de mes parents,
Qu'avec très-grande barbarie
A l'heure du dîner l'on chassa de céans.

MERCURE.

Prends garde de tomber dans cette frénésie,
Si tu veux demeurer au nombre des vivants.

SOSIE, *à part.*

Que je te rosserais, si j'avais du courage,
Double fils de putain, de trop d'orgueil enflé!

MERCURE.

Que dis-tu?

SOSIE.

Rien.

MERCURE.

Tu tiens, je crois, quelque langage.

SOSIE.

Demandez, je n'ai pas soufflé.

MERCURE.

Certain mot de fils de putain
A pourtant frappé mon oreille,
Il n'est rien de plus certain.

SOSIE.

C'est donc un perroquet que le beau temps réveille.

MERCURE.

Adieu. Lorsque le dos pourra te démanger,
Voilà l'endroit où je demeure.

SOSIE, *seul.*

O ciel! que l'heure de manger
Pour être mis dehors est une maudite heure!
Allons, cédons au sort dans notre affliction.
Suivons-en aujourd'hui l'aveugle fantaisie;
Et, par une juste union,
Joignons le malheureux Sosie
Au malheureux Amphitryon.
Je l'aperçois venir en bonne compagnie.

SCÈNE VIII.

AMPHITRYON, ARGATIPHONTIDAS, POSICLÈS; SOSIE, *dans un coin du théâtre, sans être aperçu.*

AMPHITRYON, *à plusieurs autres officiers qui l'accompagnent.*

Arrêtez là, messieurs; suivez-nous d'un peu loin,
Et n'avancez tous, je vous prie,
Que quand il en sera besoin.

POSICLÈS.

Je comprends que ce coup doit fort toucher votre ame.

AMPHITRYON.

Ah! de tous les côtés mortelle est ma douleur,
Et je souffre pour ma flamme
Autant que pour mon honneur.

POSICLÈS.

Si cette ressemblance est telle que l'on dit,
Alcmène, sans être coupable...

AMPHITRYON.

Ah! sur le fait dont il s'agit,
L'erreur simple devient un crime véritable,
Et sans consentement l'innocence y périt.
De semblables erreurs, quelque jour qu'on leur donne,
Touchent des endroits délicats;
Et la raison bien souvent les pardonne,
Que l'honneur et l'amour ne les pardonnent pas.

ARGATIPHONTIDAS.

Je n'embarrasse point là-dedans ma pensée:
Mais je hais vos messieurs de leurs honteux delais;
Et c'est un procéde dont j'ai l'ame blessée,
Et que les gens de cœur n'approuveront jamais.
Quand quelqu'un nous emploie, on doit, tête baissée,
Se jeter dans ses intérêts.
Argatiphontidas ne va point aux accords.
Ecouter d'un ami raisonner l'adversaire,
Pour des hommes d'honneur n'est point un coup à faire ;
Il ne faut écouter que la vengeance alors.
Le procès ne me saurait plaire,
Et l'on doit commencer toujours, dans ses transports,
Par bailler, sans autre mystère,
De l'épée au travers du corps.
Oui, vous verrez, quoi qu'il avienne,
Qu'Argatiphontidas marche droit sur ce point ;
Et de vous il faut que j'obtienne
Que le pendard ne meure point
D'une autre main que de la mienne.

AMPHITRYON.

Allons.

SOSIE, *à Amphitryon.*

Je viens, monsieur, subir, à deux genoux,
Le juste châtiment d'une audace maudite.
Frappez, battez, chargez, accablez-moi de coups,
Tuez-moi dans votre courroux,
Vous ferez bien, je le mérite ;

Et je n'en dirai pas un seul mot contre vous.

AMPHITRYON.

Lève-toi. Que fait-on?

SOSIE.

L'on m'a chassé tout net;
Et, croyant à manger m'aller comme eux ébattre,
Je ne songeais pas qu'en effet
Je m'attendais là pour me battre.
Oui, l'autre moi, valet de l'autre vous, a fait
Tout de nouveau le diable à quatre.
La rigueur d'un pareil destin,
Monsieur, aujourd'hui nous talonne;
Et l'on me dé-Sosie enfin
Comme on vous dés-Amphitryonne.

AMPHITRYON.

Suis-moi.

SOSIE.

N'est-il pas mieux de voir s'il vient personne?

SCÈNE IX.

CLÉANTHIS, AMPHITRYON, POLIDAS, ARGATIPHONTIDAS, NAUCRATES, POSICLÈS, SOSIE.

CLÉANTHIS.

O ciel!

AMPHITRYON.

Qui t'épouvante ainsi?
Quelle est la peur que je t'inspire?

CLÉANTHIS.

Las! vous êtes là-haut, et je vous vois ici!

NAUCRATÈS, *à Amphitryon.*

Ne vous pressez point, le voici
Pour donner devant tous les clartés qu'on désire,
Et qui, si l'on peut croire à ce qu'il vient de dire,
Sauront vous affranchir de trouble et de souci.

SCÈNE X.

MERCURE, AMPHITRYON, POLIDAS, ARGATIPHONTIDAS, NAUCRATÈS, POSICLÈS, CLÉANTHIS, SOSIE.

MERCURE.

Oui, vous l'allez voir tous; et sachez par avance
Que c'est le grand maître des dieux,
Que, sous les traits chéris de cette ressemblance,
Alcmene a fait du ciel descendre dans ces lieux.
Et quant à moi, je suis Mercure,
Qui, ne sachant que faire, ai rossé tant soit peu
Celui dont j'ai pris la figure:
Mais de s'en consoler il a maintenant lieu;
Et les coups de bâton d'un dieu
Font honneur à qui les endure.

SOSIE.

Ma foi, monsieur le dieu, je suis votre valet:
Je me serais passé de votre courtoisie.

MERCURE.

Je lui donne à présent congé d'être Sosie,
Je suis las de porter un visage si laid;

Et je m'en vais au ciel avec de l'ambroisie
M'en débarbouiller tout-à-fait.
(*Mercure s'envole dans le ciel.*)

SOSIE.

Le ciel de m'approcher t'ôte à jamais l'envie!
Ta fureur s'est par trop acharnée après moi;
Et je ne vis de ma vie
Un dieu plus diable que toi.

SCÈNE XI.

JUPITER, AMPHITRYON, NAUCRATÈS. ARGATIPHONTIDAS, POLIDAS, POSICLES, CLÉANTHIS, SOSIE.

JUPITER, *annoncé par le bruit du tonnerre, armé de son foudre, dans un nuage, sur son aigle.*

Regarde, Amphitryon, quel est ton imposteur;
Et sous tes propres traits vois Jupiter paraître.
A ces marques tu peux aisément le connaître;
Et c'est assez, je crois, pour remettre ton cœur
Dans l'état auquel il doit être,
Et rétablir chez toi la paix et la douceur.
Mon nom, qu'incessamment toute la terre adore,
Etouffe ici les bruits qui pouvaient éclater.
Un partage avec Jupiter
N'a rien du tout qui déshonore;
Et, sans doute, il ne peut être que glorieux
De se voir le rival du souverain des dieux.
Je n'y vois pour ta flamme aucun lieu de murmure;

Et c'est moi dans cette aventure
Qui, tout dieu que je suis, dois être le jaloux :
Alcmène est toute à toi, quelque soin qu'on emploie ;
Et ce doit à tes feux être un objet bien doux
De voir que, pour lui plaire, il n'est point d'autre voie
Que de paraître son époux :
Que Jupiter, orné de sa gloire immortelle,
Par lui-même n'a pu triompher de sa foi ;
Et que ce qu'il a reçu d'elle
N'a par son cœur ardent été donné qu'à toi.

SOSIE.

Le seigneur Jupiter sait dorer la pilule.

JUPITER.

Sors donc des noirs chagrins que ton cœur a souf-
ferts,
Et rends le calme entier à l'ardeur qui te brûle ;
Chez toi doit naître un fils qui, sous le nom d'Her-
cule,
Remplira de ses faits tout le vaste univers.
L'eclat d'une fortune en mille biens féconde
Fera connaître à tous que je suis ton support ;
Et je mettrai tout le monde
Au point d'envier ton sort.
Tu peux hardiment te flatter
De ces espérances donnees :
C'est un crime que d'en douter ;
Les paroles de Jupiter
Sont des arrêts des destinées.

(*Il se perd dans les nues.*)

NAUCRATÈS.

Certes, je suis ravi de ces marques brillantes...

SOSIE.

Messieurs, voulez-vous bien suivre mon sentiment?
 Ne vous embarquez nullement
 Dans ces douceurs congratulantes,
 C'est un mauvais embarquement;
Et d'une et d'autre part, pour un tel compliment,
 Les phrases sont embarrassantes.
Le grand dieu Jupiter nous fait beaucoup d'honneur,
Et sa bonté, sans doute, est pour nous sans seconde;
 Il nous promet l'infaillible bonheur
 D'une fortune en mille biens féconde,
Et chez nous il doit naître un fils d'un très-grand cœur:
 Tout cela va le mieux du monde.
 Mais enfin coupons aux discours,
Et que chacun chez soi doucement se retire:
 Sur telles affaires toujours
 Le meilleur est de ne rien dire.

FIN D'AMPHITRYON.

GEORGE DANDIN,

OU

LE MÁRI CONFONDU,

COMÉDIE

EN TROIS ACTES.

1668.

PERSONNAGES.

GEORGE DANDIN, riche paysan, mari d'Angélique.

ANGELIQUE, femme de George Dandin, et fille de M. de Sotenville.

Monsieur DE SOTENVILLE, gentilhomme campagnard, père d'Angélique.

Madame DE SOTENVILLE.

CLITANDRE, amant d'Angélique.

CLAUDINE, suivante d'Angélique.

LUBIN, paysan servant Clitandre.

COLIN, valet de George Dandin.

La scène est devant la maison de George Dandin, a la campagne.

GEORGE DANDIN,

OU

LE MARI CONFONDU,

COMÉDIE.

ACTE PREMIER.

SCÈNE I.

GEORGE DANDIN.

AH ! qu'une femme demoiselle est une étrange affaire ! et que mon mariage est une leçon bien parlante à tous les paysans qui veulent s'élever au-dessus de leur condition, et s'allier, comme j'ai fait, à la maison d'un gentilhomme ! La noblesse de soi est bonne, c'est une chose considérable assurément ; mais elle est accompagnée de tant de mauvaises circonstances, qu'il est très-bon de ne s'y point frotter. Je suis devenu là-dessus savant à mes dépens, et connais le style des nobles lorsqu'ils nous font, nous autres, entrer dans leur famille. L'alliance qu'ils font est petite avec nos personnes, c'est notre bien seul qu'ils epousent, et j'aurais bien mieux fait, tout riche que je suis, de m'allier en bonne et franche paysannerie, que de prendre une femme qui se tient au-dessus de moi, s'offense de porter mon nom, et pense qu'avec tout mon bien je n'ai pas assez acheté la qualite de son mari. George Dandin! George Dandin! vous avez fait une sottise la plus grande du monde. Ma maison m'est effroyable maintenant, et je n'y entre point sans y trouver quelque chagrin.

SCÈNE II.

GEORGE DANDIN, LUBIN.

GEORGE DANDIN, *a part, voyant Lubin sortir de chez lui.*

Que diantre ce drôle-la vient-il faire chez moi?

LUBIN, *à part, apercevant George Dandin.*

Voila un homme qui me regarde!

GEORGE DANDIN, *à part.*

Il ne me connaît pas.

LUBIN, *à part.*

Il se doute de quelque chose.

GEORGE DANDIN, *à part.*

Ouais! il a grand'peine a saluer.

LUBIN, *à part.*

J'ai peur qu'il n'aille dire qu'il m'a vu sortir de là-dedans.

GEORGE DANDIN.

Bonjour.

LUBIN.

Serviteur.

GEORGE DANDIN.

Vous n'êtes pas d'ici, que je crois?

LUBIN.

Non; je n'y suis venu que pour voir la fête de demain.

GEORGE DANDIN.

Hé! dites-moi un peu, s'il vous plaît, vous venez de là dedans?

LUBIN.

Chut!

GEORGE DANDIN.

Comment?

LUBIN.

Paix!

GEORGE DANDIN.

Quoi donc?

LUBIN.

Motus! il ne faut pas dire que vous m'ayez vu sortir de là.

GEORGE DANDIN.

Pourquoi?

LUBIN.

Mon dieu! parce.

GEORGE DANDIN.

Mais encore ?

LUBIN.

Doucement ? j'ai peur qu'on ne nous écoute.

GEORGE DANDIN.

Point, point.

LUBIN.

C'est que je viens de parler à la maîtresse du logis, de la part d'un certain monsieur qui lui fait les doux yeux ; et ne faut pas qu'on sache cela, entendez-vous.

GEORGE DANDIN.

Oui.

LUBIN.

Voilà la raison. On m'a enchargé de prendre garde que personne ne me vît ; et je vous prie au moins de ne pas dire que vous m'ayez vu.

GEORGE DANDIN.

Je n'ai garde.

LUBIN.

Je suis bien aise de faire les choses secrètement, comme on m'a recommandé.

GEORGE DANDIN.

C'est bien fait.

LUBIN.

Le mari, à ce qu'ils disent, est un jaloux qui ne veut pas qu'on fasse l'amour à sa femme ; et il ferait le diable à quatre si cela venait à ses oreilles. Vous comprenez bien?

GEORGE DANDIN.

Fort bien.

LUBIN.

Il ne faut pas qu'il sache rien de tout ceci.

GEORGE DANDIN.

Sans doute.

LUBIN.

On le veut tromper tout doucement. Vous entendez bien ?

GEORGE DANDIN.

Le mieux du monde.

LUBIN.

Si vous alliez dire que vous m'avez vu sortir de chez lui, vous gâteriez toute l'affaire. Vous comprenez bien ?

GEORGE DANDIN.

Assurément. Hé ! comment nommez-vous celui qui vous a envoyé là-dedans ?

LUBIN.

C'est le seigneur de notre pays, monsieur le vicomte de chose... Foin ! je ne me souviens jamais comment diantre ils baragouinent ce nom-là ; monsieur Cli... Clitandre.

GEORGE DANDIN.

Est-ce ce jeune courtisan qui demeure... ?

LUBIN.

Oui, auprès de ces arbres.

GEORGE DANDIN, *à part.*

C'est pour cela que depuis peu ce damoiseau poli s'est venu loger contre moi : j'avais bon nez, sans doute, et son voisinage déjà m'avait donné quelque soupçon.

LUBIN.

Tétigué! c'est le plus honnête homme que vous ayez jamais vu. Il m'a donné trois pièces d'or pour aller dire seulement à la femme qu'il est amoureux d'elle, et qu'il souhaite fort l'honneur de pouvoir lui parler. Voyez s'il y a là une grande fatigue pour me payer si bien; et ce qu'est, au prix de cela, une journée de travail où je ne gagne que dix sous.

GEORGE DANDIN.

Hé bien! avez-vous fait votre message?

LUBIN.

Oui : j'ai trouvé-là dedans une certaine Claudine qui, tout du premier coup, a compris ce que je voulais, et qui m'a fait parler à sa maîtresse.

GEORGE DANDIN, *à part.*

Ah! coquine de servante!

LUBIN.

Morguienne! cette Claudine-là est tout à fait jolie; elle a gagné mon amitie, et il ne tiendra qu'à elle que nous soyons mariés ensemble.

GEORGE DANDIN.

Mais quelle réponse a faite la maîtresse à ce monsieur le courtisan?

LUBIN.

Elle m'a dit de lui dire... attendez, je ne sais si je me souviendrai bien de tout cela : qu'elle lui est tout-a-fait obligée de l'affection qu'il a pour elle; et qu'a cause de son mari, qui est fantasque, il garde d'en rien faire paraître; et qu'il faudra songer à chercher quelque invention pour se pouvoir entretenir tous deux.

GEORGE DANDIN, *à part.*

Ah! pendarde de femme!

LUBIN.

Tétiguienne! cela sera drôle, car le mari ne se doutera point de la manigance, voila ce qui est de bon; et il aura ún pied de nez avec sa jalousie, est-ce pas?

GEORGE DANDIN.

Cela est vrai.

LUBIN.

Adieu. Bouche cousue, au moins. Gardez bien le secret, afin que le mari ne le sache pas.

GEORGE DANDIN.

Oui, oui.

LUBIN.

Pour moi, je vais faire semblant de rien. Je suis un fin matois, et l'on ne dirait pas que j'y touche.

SCÈNE III.

GEORGE DANDIN, *seul.*

Hé bien! George Dandin, vous voyez de quel air votre femme vous traite! Voilà ce que c'est d'avoir voulu épouser une demoiselle! L'on vous accommode de toutes pièces sans que vous puissiez vous venger, et la gentilhommerie vous tient les bras liés. L'égalité de condition laisse du moins à l'honneur d'un mari la liberté du ressentiment ; et, si c'était une paysanne, vous auriez maintenant toutes vos coudées franches à vous en faire la justice à bons coups de bâton. Mais vous avez voulu tâter de la noblesse, et il vous ennuyait d'être maître chez vous. Ah! j'enrage de tout mon cœur, et je me donnerais volontiers des soufflets. Quoi! écouter impudemment l'amour d'un damoiseau, et y promettre en même temps de la correspondance! Morbleu! je ne veux point laisser passer une occasion de la sorte. Il me faut de ce pas aller faire mes plaintes au père et à la mère, et les rendre témoins, à telle fin que de raison, des sujets de chagrin et de ressentiment que leur fille me donne. Mais les voici l'un et l'autre fort à propos.

SCÈNE IV.

MONSIEUR DE SOTENVILLE, MADAME DE SOTENVILLE, GEORGE DANDIN.

M. DE SOTENVILLE.

Qu'est-ce, mon gendre? vous me paraissez tout troublé.

GEORGE DANDIN.

Aussi en ai-je du sujet, et...

MADAME DE SOTENVILLE.

Mon dieu! notre gendre, que vous avez peu de civilité de ne pas saluer les gens quand vous les approchez!

GEORGE DANDIN.

Ma foi, ma belle-mère, c'est que j'ai d'autres choses en tête; et...

MADAME DE SOTENVILLE.

Encore! Est-il possible, notre gendre, que vous sachiez si peu votre monde, et qu'il n'y ait pas moyen de vous instruire de la manière qu'il faut vivre parmi les personnes de qualité?

GEORGE DANDIN.

Comment?

MADAME DE SOTENVILLE.

Ne vous déferez-vous jamais avec moi de la familiarité de ce mot de ma belle-mère? et ne sauriez-vous vous accoutumer à me dire madame?

GEORGE DANDIN.

Parbleu! si vous m'appelez votre gendre, il me semble que je puis vous appeler ma belle-mère.

MADAME DE SOTENVILLE.

Il y a fort à dire, et les choses ne sont pas égales. Apprenez, s'il vous plaît, que ce n'est pas à vous à vous servir de ce mot-là avec une personne de ma condition; que, tout notre gendre que vous soyez, il y a grande différence de vous à nous, et que vous devez vous connaître.

M. DE SOTENVILLE.

C'en est assez, m'amour; laissons cela.

MADAME DE SOTENVILLE.

Mon dieu! monsieur de Sotenville, vous avez des indulgences qui n'appartiennent qu'à vous, et vous ne savez pas vous faire rendre par les gens ce qui vous est dû.

M. DE SOTENVILLE.

Corbleu! pardonnez-moi, on ne peut point me faire de leçons là-dessus : et j'ai su montrer en ma vie, par vingt actions de vigueur, que je ne suis point homme à démordre jamais d'un pouce de mes prétentions : mais il suffit de lui avoir donné un petit avertissement. Sachons un peu, mon gendre, ce que vous avez dans l'esprit.

GEORGE DANDIN.

Puisqu'il faut donc parler catégoriquement, je vous dirai, monsieur de Sotenville, que j'ai lieu de...

M. DE SOTENVILLE.

Doucement, mon gendre; apprenez qu'il n'est pas respectueux d'appeler les gens par leur nom, et qu'à ceux qui sont au-dessus de nous il faut dire monsieur tout court.

GEORGE DANDIN.

Hé bien! monsieur tout court, et non plus monsieur de Sotenville, j'ai à vous dire que ma femme me donne...

M. DE SOTENVILLE.

Tout beau! apprenez aussi que vous ne devez pas dire ma femme quand vous parlez de notre fille.

GEORGE DANDIN.

J'enrage! Comment! ma femme n'est pas ma femme?

MADAME DE SOTENVILLE.

Oui, notre gendre, elle est votre femme; mais il ne vous est pas permis de l'appeler ainsi, et c'est tout ce que vous pourriez faire si vous aviez épousé une de vos pareilles.

GEORGE DANDIN, *à part.*

Ah! George Dandin, où t'es-tu fourré? (*haut.*) Hé! de grâce, mettez pour un moment votre gentilhommerie à côté, et souffrez que je vous parle maintenant comme je pourrai. (*à part.*) Au diantre soit la tyrannie de toutes ces histoires-là (*à M. de Sotenville.*) Je vous dis donc que je suis mal satisfait de mon mariage.

M. DE SOTENVILLE.

Et la raison, mon gendre?

MADAME DE SOTENVILLE.

Quoi! parler ainsi d'une chose dont vous avez tiré de si grands avantages!

GEORGE DANDIN.

Et quels avantages, madame? puisque madame y a. L'aventure n'a pas été mauvaise pour vous; car sans moi vos affaires, avec votre permission, étaient fort délabrées, et mon argent a servi à reboucher d'assez bons trous: mais moi, de quoi y ai-je profité, je vous prie, que d'un alongement de nom, et, au lieu de George Dandin, d'avoir reçu par vous le titre de M. de la Dandinière?

M. DE SOTENVILLE.

Ne comptez-vous pour rien, mon gendre, l'avantage d'être allié à la maison de Sotenville?

MADAME DE SOTENVILLE.

Et à celle de la Prudoterie, dont j'ai l'honneur d'être issue; maison où le ventre ennoblit, et qui par ce beau privilége rendra vos enfants gentilshommes?

GEORGE DANDIN.

Oui, voilà qui est bien, mes enfants seront gentilshommes; mais je serai cocu, moi, si l'on n'y met ordre.

M. DE SOTENVILLE.

Que veut dire cela, mon gendre?

GEORGE DANDIN.

Cela veut dire que votre fille ne vit pas comme il faut qu'une femme vive, et qu'elle fait des choses qui sont contre l'honneur.

MADAME DE SOTENVILLE.

Tout beau! prenez garde à ce que vous dites. Ma fille est d'une race trop pleine de vertu pour se porter jamais à faire aucune chose dont l'honnêteté soit blessée, et, de la maison de la Prudoterie, il y a plus de trois cents ans qu'on a point remarqué qu'il y ait eu une femme, dieu merci, qui ait fait parler d'elle.

M. DE SOTENVILLE.

Corbleu! dans la maison de Sotenville on n'a jamais vu de coquette, et la bravoure n'y est pas plus héréditaire aux mâles, que la chasteté aux femelles.

MADAME DE SOTENVILLE.

Nous avons eu une Jacqueline de la Prudoterie

qui ne voulut jamais être la maîtresse d'un duc et pair, gouverneur de notre province.

M. DE SOTENVILLE.

Il y a eu une Mathurine de Sotenville qui refusa vingt mille ecus d'un favori du roi, qui ne demandait seulement que la faveur de lui parler.

GEORGE DANDIN.

Oh bien ! votre fille n'est pas si difficile que cela, et elle s'est apprivoisée depuis qu'elle est chez moi.

M. DE SOTENVILLE.

Expliquez-vous, mon gendre. Nous ne sommes point gens à la supporter dans de mauvaises actions, et nous serons les premiers, sa mère et moi, à vous en faire justice.

MADAME DE SOTENVILLE.

Nous n'entendons point raillerie sur les matieres de l'honneur, et nous l'avons élevée dans toute la sévérité possible.

GEORGE DANDIN.

Tout ce que je vous puis dire, c'est qu'il y a ici un certain courtisan que vous avez vu, qui est amoureux d'elle à ma barbe, et qui lui a fait faire des protestations d'amour, qu'elle a tres-humainement écoutées.

MADAME DE SOTENVILLE.

Jour de Dieu ! je l'etranglerais de mes propres mains, s'il fallait qu'elle forlignât de l'honnêteté de sa mère.

M. DE SOTENVILLE.

Corbleu ! je lui passerais mon epée à travers du

corps, à elle et au galant, si elle avait forfait à son honneur.

GEORGE DANDIN.

Je vous ai dit ce qui se passe, pour vous faire mes plaintes; et je vous demande raison de cette affaire-là.

M. DE SOTENVILLE.

Ne vous tourmentez point, je vous la ferai de tous deux; et je suis homme pour serrer le bouton à qui que ce puisse être. Mais êtes-vous bien sûr aussi de ce que vous nous dites?

GEORGE DANDIN.

Très-sûr.

M. DE SOTENVILLE.

Prenez bien garde, au moins; car, entre gentilshommes, ce sont des choses chatouilleuses, et il n'est pas question d'aller faire ici un pas de clerc.

GEORGE DANDIN.

Je ne vous ai rien dit, vous dis-je, qui ne soit véritable.

M. DE SOTENVILLE.

M'amour, allez-vous-en parler à votre fille, tandis qu'avec mon gendre j'irai parler à l'homme.

MADAME DE SOTENVILLE.

Se pourrait-il, mon fils, qu'elle s'oubliât de la sorte, après le sage exemple que vous savez vous-même que je lui ai donné!

M. DE SOTENVILLE.

Nous allons éclaircir l'affaire. Suivez-moi, mon gendre, et ne vous mettez pas en peine. Vous verrez de quel bois nous nous chauffons, lorsqu'on s'attaque à ceux qui nous peuvent appartenir.

GEORGE DANDIN.

Le voici qui vient vers nous.

SCÈNE V.

MONSIEUR DE SOTENVILLE, GEORGE DANDIN, CLITANDRE.

M. DE SOTENVILLE.

Monsieur, suis-je connu de vous?

CLITANDRE.

Non pas, que je sache, monsieur.

M. DE SOTENVILLE.

Je m'appelle le baron de Sotenville.

CLITANDRE.

Je m'en réjouis fort.

M. DE SOTENVILLE.

Mon nom est connu à la cour; et j'eus l'honneur, dans ma jeunesse, de me signaler des premiers à l'arrière-ban de Nanci.

CLITANDRE.

A la bonne heure.

M. DE SOTENVILLE.

Monsieur mon pere, Jean-Gilles de Sotenville, eut la gloire d'assister en personne au grand siége de Montauban.

CLITANDRE.

J'en suis ravi.

M. DE SOTENVILLE.

Et j'ai eu un aïeul, Bertrand de Sotenville, qui fut si considéré en son temps, que d'avoir permission de vendre tout son bien pour le voyage d'outre-mer.

CLITANDRE.

Je le veux croire.

M. DE SOTENVILLE.

Il m'a été rapporté, monsieur, que vous aimez et poursuivez une jeune personne, qui est ma fille, pour laquelle je m'intéresse (*montrant George Dandin*), et pour l'homme que vous voyez qui a l'honneur d'être mon gendre.

CLITANDRE.

Qui? moi?

M. DE SOTENVILLE.

Oui; et je suis bien aise de vous parler, pour tirer de vous, s'il vous plaît, un éclaircissement de cette affaire.

CLITANDRE.

Voilà une étrange médisance! Qui vous a dit cela, monsieur?

M. DE SOTENVILLE.

Quelqu'un qui croit le bien savoir.

CLITANDRE.

Ce quelqu'un-là en a menti. Je suis un honnête homme. Me croyez-vous capable, monsieur, d'une action aussi lâche que celle-là? Moi, aimer une jeune et belle personne qui a l'honneur d'être la fille de monsieur le baron de Sotenville! je vous ıévère trop pour cela, et suis trop votre serviteur. Quiconque vous l'a dit est un sot.

M. DE SOTENVILLE.

Allons, mon gendre.

GEORGE DANDIN.

Quoı?

CLITANDRE.

C'est un coquin et un maraud.

M. DE SOTENVILLE, *à George Dandin.*

Répondez.

GEORGE DANDIN.

Répondez vous-même.

CLITANDRE.

Si je savais qui ce peut être, je lui donnerais, en votre presence, de l'épee dans le ventre.

M. DE SOTENVILLE, *à George Dandin.*

Soutenez donc la chose.

GEORGE DANDIN.

Elle est toute soutenue. Cela est vrai.

CLITANDRE.

Est-ce votre gendre, monsieur, qui...?

M. DE SOTENVILLE.

Oui, c'est lui-même qui s'en est plaint à moi.

CLITANDRE.

Certes, il peut remercier l'avantage qu'il a de vous appartenir; et sans cela je lui apprendrais bien à tenir de pareils discours d'une personne omme moi.

SCÈNE VI.

MONSIEUR DE SOTENVILLE, MADAME DE SOTENVILLE, ANGELIQUE, CLITANDRE, GEORGE DANDIN, CLAUDINE.

MADAME DE SOTENVILLE.

Pour ce qui est de cela, la jalousie est une étrange chose! J'amène ici ma fille pour éclaircir l'affaire en présence de tout le monde.

CLITANDRE, *à Angélique.*

Est-ce donc vous, madame, qui avez dit à votre mari que je suis amoureux de vous?

ANGÉLIQUE.

Moi? Hé! comment lui aurais-je dit? Est-ce que cela est? Je voudrais bien le voir, vraiment, que vous fussiez amoureux de moi. Jouez-vous-y, je vous en prie; vous trouverez à qui parler; c'est une chose que je vous conseille de faire. Ayez recours, pour voir, à tous les détours des amants: essayez un peu, par plaisir, à m'envoyer des ambassades, à m'écrire secrètement de petits billets doux, à épier les moments que mon mari n'y sera pas, ou le temps que je sortirai, pour me parler de votre amour; vous n'avez qu'à y venir, je vous promets que vous serez reçu comme il faut.

CLITANDRE.

Hé! là, là, madame, tout doucement. Il n'est pas nécessaire de me faire tant de leçons, et de vous tant scandaliser. Qui vous dit que je songe à vous aimer?

ANGÉLIQUE.

Que sais-je, moi, ce qu'on me vient conter ici?

CLITANDRE.

On dira ce que l'on voudra; mais vous savez si je vous ai parlé d'amour lorsque je vous ai rencontrée.

ANGÉLIQUE.

Vous n'aviez qu'à le faire, vous auriez été bien venu.

CLITANDRE.

Je vous assure qu'avec moi vous n'avez rien à craindre; que je ne suis point homme à donner du chagrin aux belles; et que je vous respecte trop, et vous, et messieurs vos parents, pour avoir la pensée d'être amoureux de vous.

MADAME DE SOTENVILLE, *à George Dandin.*

Hé bien! vous le voyez.

M. DE SOTENVILLE.

Vous voilà satisfait, mon gendre. Que dites-vous à cela?

GEORGE DANDIN.

Je dis que ce sont là des contes à dormir debout; que je sais bien ce que je sais; et que tantôt, puisqu'il faut parler net, elle a reçu une ambassade de sa part.

ANGÉLIQUE.

Moi? j'ai reçu une ambassade?

CLITANDRE.

J'ai envoyé une ambassade ?

ANGÉLIQUE.

Claudine ?

CLITANDRE, *à Claudine.*

Est-il vrai ?

CLAUDINE.

Par ma foi, voilà une étrange fausseté !

GEORGE DANDIN.

Taisez-vous, carogne que vous êtes. Je sais de vos nouvelles ; et c'est vous qui tantôt avez introduit le courrier.

CLAUDINE.

Qui ? moi ?

GEORGE DANDIN.

Oui, vous. Ne faites point tant la sucrée.

CLAUDINE.

Hélas ! que le monde aujourd'hui est rempli de méchanceté, de m'aller soupçonner ainsi, moi qui suis l'innocence même !

GEORGE DANDIN.

Taisez-vous, bonne pièce. Vous faites la sournoise, mais je vous connais il y a long-temps ; et vous êtes une dessalée.

CLAUDINE, *à Angélique.*

Madame, est-ce que...?

GEORGE DANDIN.

Taisez-vous, vous dis-je ; vous pourriez bien porter la folle enchère de tous les autres, et vous n'avez point de père gentilhomme.

ANGÉLIQUE.

C'est une imposture si grande, et qui me touche si fort au cœur, que je ne puis pas même avoir la force d'y répondre. Cela est bien horrible d'être accusée par un mari, lorsqu'on ne lui fait rien qui ne soit à faire ! Hélas ! si je suis blâmable de quelque chose, c'est d'en user trop bien avec lui.

CLAUDINE.

Assurément.

ANGÉLIQUE.

Tout mon malheur est de le trop considérer; et plût au ciel que je fusse capable de souffrir, comme il dit, les galanteries de quelqu'un ! je ne serais point tant à plaindre. Adieu, je me retire; je ne puis plus endurer qu'on m'outrage de cette sorte.

SCÈNE VII.

MONSIEUR DE SOTENVILLE, MADAME DE SOTENVILLE, CLITANDRE, GEORGE DANDIN, CLAUDINE.

MADAME DE SOTENVILLE, *à George Dandin.*

Allez, vous ne méritez pas l'honnête femme qu'on vous a donnée.

CLAUDINE.

Par ma foi, il mériterait qu'elle lui fît dire vrai : et, si j'étais en sa place, je n'y marchanderais pas. (*à Clitandre.*) Oui, monsieur, vous devez, pour le punir, faire l'amour à ma maîtresse. Poussez, c'est moi qui vous le dis, ce sera fort bien employé ; et je m'offre à vous y servir, puisqu'il m'en a déjà taxée.

(*Claudine sort.*)

M. DE SOTENVILLE.

Vous méritez, mon gendre, qu'on vous dise ces choses-là ; et votre procédé met tout le monde contre vous.

MADAME DE SOTENVILLE.

Allez, songez à mieux traiter une demoiselle bien née ; et prenez garde désormais à ne plus faire de pareilles bévues.

GEORGE DANDIN, *à part.*

J'enrage de bon cœur d'avoir tort lorsque j'ai raison.

SCÈNE VIII.

MONSIEUR DE SOTENVILLE, CLITANDRE, GEORGE DANDIN.

CLITANDRE, *à M. de Sotenville.*

Monsieur, vous voyez comme j'ai été faussement accusé : vous êtes homme qui savez les maximes du point d'honneur ; et je vous demande raison de l'affront qui m'a été fait.

M. DE SOTENVILLE.

Cela est juste, et c'est l'ordre des procédés. Allons, mon gendre, faites satisfaction à monsieur.

GEORGE DANDIN.

Comment ! satisfaction ?

M. DE SOTENVILLE.

Oui, cela se doit dans les règles, pour l'avoir à tort accusé.

GEORGE DANDIN.

C'est une chose, moi, dont je ne demeure pas d'accord, de l'avoir à tort accusé; et je sais bien ce que j'en pense.

M. DE SOTENVILLE.

Il n'importe. Quelque pensée qui vous puisse rester, il a nié, c'est satisfaire les personnes; et l'on n'a nul droit de se plaindre de tout homme qui se dedit.

GEORGE DANDIN.

Si bien donc que, si je le trouvais couché avec ma femme, il en serait quitte pour se dedire?

M. DE SOTENVILLE.

Point de raisonnement. Faites-lui les excuses que je vous dis.

GEORGE DANDIN.

Moi! je lui ferai encore des excuses après...!

M. DE SOTENVILLE.

Allons, vous dis-je, il n'y a rien a balancer; et vous n'avez que faire d'avoir peur d'en trop faire, puisque c'est moi qui vou conduis.

GEORGE DANDIN.

Je ne saurais...

M. DE SOTENVILLE.

Corbleu! mon gendre, ne m'échauffez pas la bile. Je me mettrais avec lui contre vous. Allons, laissez-vous gouverner par moi.

GEORGE DANDIN, *à part.*

Ah! George Dandin!

M. DE SOTENVILLE.

Votre bonnet à la main le premier; monsie est gentilhomme, et vous ne l'êtes pas.

GEORGE DANDIN, *à part, le bonnet à la mai*

J'enrage!

M. DE SOTENVILLE.

Répétez après moi... Monsieur...

GEORGE DANDIN.

Monsieur....

M. DE SOTENVILLE.

Je vous demande pardon...

(*voyant que George Dandin fait difficulté de l obéir.*)

Ah!

GEORGE DANDIN.

Je vous demande pardon...

M. DE SOTENVILLE.

Des mauvaises pensees que j'ai eues de vous.

GEORGE DANDIN.

Des mauvaises pensées que j'ai eues de vous.

M. DE SOTENVILLE.

C'est que je n'avais pas l'honneur de vous connaître.

GEORGE DANDIN.

C'est que je n'avais pas l'honneur de vous connaître.

M. DE SOTENVILLE.

Et je vous prie de croire...

GEORGE DANDIN.

Et je vous prie de croire...

M. DE SOTENVILLE.

Que je suis votre serviteur.

GEORGE DANDIN.

Voulez-vous que je sois serviteur d'un homme qui me veut faire cocu?

M. DE SOTENVILLE, *le menaçant encore.*

Ah!

CLITANDRE.

Il suffit, monsieur.

M. DE SOTENVILLE.

Non, je veux qu'il achève, et que tout aille dans les formes.... Que je suis votre serviteur.

GEORGE DANDIN.

Que je suis votre serviteur.

CLITANDRE, *à George Dandin.*

Monsieur, je suis le vôtre de tout mon cœur, et je ne songe plus a ce qui s'est passé. (*à M. de Sotenville*) Pour vous, monsieur, je vous donne le bon jour, et suis fâché du petit chagrin que vous avez eu.

M. DE SOTENVILLE.

Je vous baise les mains; et, quand il vous plaira, je vous donnerai le divertissement de courre un lievre.

CLITANDRE.

C'est trop de grâce que vous me faites.

(*Clitandre sort.*)

M. DE SOTENVILLE.

Voilà, mon gendre, comme il faut pousser les choses. Adieu. Sachez que vous êtes entré dans une famille qui vous donnera de l'appui, et ne souffrira point que l'on vous fasse aucun affront.

SCÈNE IX.

GEORGE DANDIN, *seul.*

Ah! que je.... Vous l'avez voulu, vous l'avez voulu, George Dandin, vous l'avez voulu; cela vous sied fort bien, et vous voilà ajusté comme il faut : vous avez justement ce que vous méritez. Allons, il s'agit seulement de désabuser le pere et la mere; et je pourrai trouver peut-être quelque moyen d'y réussir.

FIN DU PREMIER ACTE.

ACTE SECOND.

SCÈNE I.

CLAUDINE, LUBIN.

CLAUDINE.

OUI, j'ai bien deviné qu'il fallait que cela vînt de toi, et que tu l'eusses dit à quelqu'un qui l'ait rapporté à notre maître.

LUBIN.

Par ma foi, je n'en ai touché qu'un petit mot en passant à un homme, afin qu'il ne dît point qu'il m'avait vu sortir; et il faut que les gens, en ce pays-ci, soient de grands babillards.

CLAUDINE.

Vraiment ce monsieur le vicomte a bien choisi son monde, que de te prendre pour son ambassadeur; et il s'est allé servir là d'un homme bien chanceux.

LUBIN.

Va, une autre fois je serai plus fin, et je prendrai mieux garde à moi.

CLAUDINE.

Oui, oui, il sera temps.

LUBIN.

Ne parlons plus de cela. Ecoute.

CLAUDINE.

Que veux-tu que j'écoute?

LUBIN.

Tourne un peu ton visage devers moi.

CLAUDINE.

Hé bien! qu'est-ce?

LUBIN.

Claudine.

CLAUDINE.

Quoi?

LUBIN.

Hé! là! ne sais-tu pas bien ce que je veux dire?

CLAUDINE.

Non.

LUBIN.

Morgué! je t'aime.

CLAUDINE.

Tout de bon?

LUBIN.

Oui, le diable m'emporte! tu me peux croire, puisque j'en jure.

CLAUDINE.

A la bonne heure.

LUBIN.

Je me sens tout tribouiller le cœur quand je te regarde.

CLAUDINE.

Je m'en réjouis.

LUBIN.

Comment est-ce que tu fais pour être si jolie?

CLAUDINE.

Je fais comme font les autres.

LUBIN.

Vois-tu, il ne faut point tant de beurre pour faire un quarteron : si tu veux, tu seras ma femme, je serai ton mari ; et nous serons tous deux mari et femme.

CLAUDINE.

Tu serais peut-être jaloux comme notre maître.

LUBIN.

Point.

CLAUDINE.

Pour moi, je hais les maris soupçonneux, et j'en veux un qui ne s'épouvante de rien, un si plein de confiance, et si sûr de ma chasteté, qu'il me vît sans inquiétude au milieu de trente hommes.

LUBIN.

Hé bien ! je serai tout comme cela.

CLAUDINE.

C'est la plus sotte chose du monde que de se défier d'une femme, et de la tourmenter. La vérité de l'affaire est qu'on n'y gagne rien de bon : cela nous fait songer à mal ; et ce sont souvent les maris qui, avec leurs vacarmes, se font eux-mêmes ce qu'ils sont.

LUBIN.

Hé bien ! je te donnerai la liberté de faire tout ce qu'il te plaira.

CLAUDINE.

Voilà comme il faut faire pour n'être point

trompé. Lorsqu'un mari se met à notre discrétion, nous ne prenons de liberté que ce qu'il nous en faut; et il en est comme avec ceux qui nous ouvrent leur bourse, et nous disent, Prenez : nous en usons honnêtement, et nous nous contentons de la raison. Mais ceux qui nous chicanent, nous nous efforçons de les tondre, et nous ne les épargnons point.

LUBIN.

Va, je serai de ceux qui ouvrent leur bourse, et tu n'as qu'à te marier avec moi.

CLAUDINE.

Hé bien, bien, nous verrons.

LUBIN.

Viens donc ici, Claudine.

CLAUDINE.

Que veux-tu?

LUBIN.

Viens, te dis-je.

CLAUDINE.

Ah! doucement. Je n'aime pas les patineurs.

LUBIN.

Hé! un petit brin d'amitié.

CLAUDINE.

Laisse-moi là, te dis-je; je n'entends pas raillerie.

LUBIN.

Claudine.

CLAUDINE.

Hai!

LUBIN.

Ah! que tu es rude à pauvres gens! Fi! que cela est malhonnête de refuser les personnes! N'as-tu pas de honte d'être belle et de ne vouloir pas qu'on te caresse? Hé! là!

CLAUDINE.

Je te donnerai sur le nez.

LUBIN.

Oh! la farouche! la sauvage! Fi! pouas! la vilaine qui est cruelle.

CLAUDINE.

Tu t'émancipes trop.

LUBIN.

Qu'est-ce que cela te coûterait de me laisser un peu faire?

CLAUDINE.

Il faut que tu te donnes patience.

LUBIN.

Un petit baiser seulement, en rabattant sur notre mariage.

CLAUDINE.

Je suis votre servante.

LUBIN.

Claudine, je t'en prie, sur l'et tant moins.

CLAUDINE.

Hé! que nenni. J'y ai déjà été attrapée. Adieu. Va-t-en, et dis à monsieur le vicomte que j'aurai soin de rendre son billet.

LUBIN.

Adieu, beauté rude-ânière.

CLAUDINE.

Le mot est amoureux.

LUBIN.

Adieu, rocher, caillou, pierre de taille, et tout ce qu'il y a de plus dur au monde.

CLAUDINE, *seule.*

Je vais remettre aux mains de ma maîtresse.... Mais la voici avec son mari : éloignons-nous, et attendons qu'elle soit seule.

SCÈNE II.

GEORGE DANDIN, ANGÈLIQUE.

GEORGE DANDIN.

Non, non, on ne m'abuse pas avec tant de facilité; et je ne suis que trop certain que le rapport que l'on m'a fait est véritable. J'ai de meilleurs yeux qu'on ne pense, et votre galimathias ne m'a point tantôt ébloui.

SCÈNE III.

CLITANDRE, ANGÉLIQUE, GEORGE DANDIN.

CLITANDRE, *à part, dans le fond du théâtre.*

Ah! la voilà; mais le mari est avec elle.

GEORGE DANDIN, *sans voir Clitandre.*

Au travers de toutes vos grimaces, j'ai vu la

vérité de ce que l'on m'a dit, et le peu de respect que vous avez pour le nœud qui nous joint.

(*Clitandre et Angélique se saluent.*)

Mon dieu! laissez-là votre révérence; ce n'est pas de ces sortes de respects dont je vous parle, et vous n'avez que faire de vous moquer.

ANGÉLIQUE.

Moi, me moquer! en aucune façon.

GEORGE DANDIN.

Je sais votre pensée, et connais...

(*Clitandre et Angélique se saluent encore.*)

Encore! Ah! ne raillons point davantage. Je n'ignore pas qu'à cause de votre noblesse vous me tenez fort au-dessous de vous: et le respect que je veux dire ne regarde point ma personne; j'entends parler de celui que vous devez à des nœuds aussi vénérables que le sont ceux du mariage.

(*Angélique fait signe a Clitandre.*)

Il ne faut point lever les epaules, et je ne dis point de sottises.

ANGÉLIQUE.

Qui songe à lever les épaules?

GEORGE DANDIN.

Mon dieu! nous voyons clair. Je vous dis encore une fois que le mariage est une chaîne a laquelle on doit porter toutes sortes de respects; et que c'est fort mal fait à vous d'en user comme vous faites.

(*Angélique fait signe de la tête à Clitandre.*)

Oui, oui, mal fait à vous; et vous n'avez que faire de hocher la tête et de me faire la grimace.

ANGÉLIQUE.

Moi ? je ne sais ce que vous voulez dire.

GEORGE DANDIN.

Je le sais fort bien, moi ; et vos mépris me sont connus. Si je ne suis pas né noble, au moins suis-je d'une race où il n'y a point de reproche ; et la famille des Dandins...

CLITANDRE, *derrière Angélique, sans être aperçu de George Dandin.*

Un moment d'entretien.

GEORGE DANDIN, *sans voir Clitandre.*

Hé !

ANGÉLIQUE.

Quoi ? je ne dis mot.

(*George Dandin tourne autour de sa femme, et Clitandre se retire en faisant une grande révérence à George Dandin.*)

SCÈNE IV.

GEORGE DANDIN, ANGÉLIQUE.

GEORGE DANDIN.

Le voilà qui vient rôder autour de vous.

ANGÉLIQUE.

Hé bien ! est-ce ma faute ? Que voulez-vous que j'y fasse ?

GEORGE DANDIN.

Je veux que vous y fassiez ce que fait une femme qui ne veut plaire qu'à son mari. Quoi qu'on en puisse dire, les galants n'obsèdent jamais que quan on le veut bien : il y a un certain air doucereux qui les attire, ainsi que le miel fait les mouches; et les honnêtes femmes ont des manières qui les savent chasser d'abord.

ANGÉLIQUE.

Moi, les chasser ! et par quelle raison ! Je ne me scandalise point qu'on me trouve bien faite; et cela me fait du plaisir.

GEORGE DANDIN.

Oui ! Mais quel personnage voulez-vous que joue un mari pendant cette galanterie ?

ANGÉLIQUE.

Le personnage d'un honnête homme, qui est bien aise de voir sa femme considérée.

GEORGE DANDIN.

Je suis votre valet. Ce n'est pas là mon compte, et les Dandins ne sont point accoutumés à cette mode-là.

ANGÉLIQUE.

Oh ! les Dandins s'y accoutumeront s'ils veulent; car pour moi je vous déclare que mon dessein n'est pas de renoncer au monde et de m'enterrer toute vive dans un mari. Comment ! parce qu'un homme s'avise de nous épouser, il faut d'abord que toutes choses soient finies pour nous, et que nous rompions tout commerce avec les vivants ! C'est une chose merveilleuse que cette tyrannie de messieurs les maris : et je les trouve bons de vouloir qu'on soit morte à tous les divertissements, et qu'on ne vive que pour eux! Je me moque de cela, et ne veux point mourir si jeune.

GEORGE DANDIN.

C'est ainsi que vous satisfaites aux engagements de la foi que vous m'avez donnée publiquement?

ANGÉLIQUE.

Moi, je ne vous l'ai point donnée de bon cœur, et vous me l'avez arrachée. M'avez-vous avant le mariage demandé mon consentement; et si je voulais bien de vous? Vous n'avez consulté pour cela que mon père et ma mère: ce sont eux proprement qui vous ont épousé; et c'est pourquoi vous ferez bien de vous plaindre toujours à eux des torts que l'on pourra vous faire. Pour moi, qui ne vous ai point dit de vous marier avec moi, et que vous avez prise sans consulter mes sentiments, je prétends n'être point obligée à me soumettre en esclave a vos volontés, et je veux jouir, s'il vous plaît, de quelque nombre de beaux jours que m'offre la jeunesse, prendre les douces libertés que l'âge me permet, voir un peu le beau monde, et goûter le plaisir de m'ouïr dire des douceurs. Préparez-vous-y pour votre punition, et rendez grâces au ciel de ce que je ne suis pas capable de quelque chose de pis.

GEORGE DANDIN.

Oui! c'est ainsi que vous le prenez! Je suis votre mari, et je vous dis que je n'entends pas cela.

ANGÉLIQUE.

Moi, je suis votre femme, et je vous dis que je l'entends.

GEORGE DANDIN, *à part.*

Il me prend des tentations d'accommoder tout son visage à la compote, et le mettre en état de ne plaire de sa vie aux diseurs de fleurettes. Ah! allons, George Dandin; je ne pourrais me retenir, et il vaut mieux quitter la place.

SCÈNE V.

ANGÉLIQUE, CLAUDINE.

CLAUDINE.

J'avais, madame, impatience qu'il s'en allât, pour vous rendre ce mot de la part que vous savez.

ANGÉLIQUE.

Voyons.

CLAUDINE, *à part.*

A ce que je puis remarquer, ce qu'on lui écrit ne lui déplaît pas trop.

ANGÉLIQUE.

Ah! Claudine, que ce billet s'explique d'une façon galante! Que dans tous leurs discours et dans toutes leurs actions les gens de cour ont un air agréable! et qu'est-ce que c'est auprès d'eux que nos gens de province?

CLAUDINE.

Je crois qu'après les avoir vus, les Dandins ne vous plaisent guère.

ANGÉLIQUE.

Demeure ici, je m'en vais faire la réponse.

CLAUDINE, *seule.*

Je n'ai pas besoin, que je pense, de lui recommander de la faire agréable. Mais voici....

SCÈNE VI.

CLITANDRE, LUBIN, CLAUDINE.

CLAUDINE.

Vraiment, monsieur, vous avez pris là un habile messager!

CLITANDRE.

Je n'ai pas osé envoyer de mes gens. Mais, ma pauvre Claudine, il faut que je te récompense des bons offices que je sais que tu m'as rendus.

(*Il fouille dans sa poche.*)

CLAUDINE.

Hé! monsieur, il n'est pas nécessaire. Non, monsieur, vous n'avez que faire de vous donner cette peine-là; et je vous rends service parce que vous le méritez; et je me sens au cœur de l'inclination pour vous.

CLITANDRE, *donnant de l'argent à Claudine.*

Je te suis obligé.

LUBIN, *à Claudine.*

Puisque nous serons mariés, donne-moi cela que je le mette avec le mien.

CLAUDINE.

Je te le garde aussi bien que le baiser.

CLITANDRE, *à Claudine.*

Dis-moi, as-tu rendu mon billet à ta belle maîtresse?

CLAUDINE.

Oui; elle est allée y répondre.

CLITANDRE.

Mais, Claudine, n'y a-t-il pas moyen que je la puisse entretenir?

CLAUDINE.

Oui; venez avec moi, je vous ferai parler à elle.

CLITANDRE.

Mais le trouvera-t-elle bon? et n'y a-t-il rien à risquer?

CLAUDINE.

Non, non. Son mari n'est pas au logis: et puis, ce n'est pas lui qu'elle a le plus à ménager, c'est son pere et sa mère; et pourvu qu'ils soient prévenus, tout le reste n'est point à craindre.

CLITANDRE.

Je m'abandonne à ta conduite.

LUBIN, *seul.*

Testiguenne! que j'aurai là une habile femme! Elle a de l'esprit comme quatre.

SCÈNE VII.

GEORGE DANDIN, LUBIN.

GEORGE DANDIN, *bas, à part.*

Voici mon homme de tantôt. Plût au ciel qu'il pût se résoudre à vouloir rendre témoignage au père et à la mère de ce qu'ils ne veulent point croire !

LUBIN.

Ah! vous voilà, monsieur le babillard, à qui j'avais tant recommandé de ne point parler, et qui me l'aviez tant promis ! Vous êtes donc un causeur, et vous allez redire ce que l'on vous dit en secret ?

GEORGE DANDIN.

Moi ?

LUBIN.

Oui : vous avez été tout rapporter au mari, et vous êtes cause qu'il a fait du vacarme. Je suis bien aise de savoir que vous avez de la langue, et cela m'apprendra à ne vous plus rien dire.

GEORGE DANDIN.

Ecoute, mon ami.

LUBIN.

Si vous n'aviez point babillé, je vous aurais conté ce qui se passe à cette heure ; mais, pour votre punition, vous ne saurez rien du tout.

GEORGE DANDIN.

Comment ! qu'est-ce qui se passe ?

LUBIN.

Rien, rien. Voilà ce que c'est d'avoir causé ; vous n'en tâterez plus, et je vous laisse sur la bonne bouche.

GEORGE DANDIN.

Arrête un peu.

LUBIN.

Point.

GEORGE DANDIN.

Je ne te veux dire qu'un mot.

LUBIN.

Nennin, nennin. Vous avez envie de me tirer les vers du nez.

GEORGE DANDIN.

Non, ce n'est pas cela.

LUBIN.

Hé! quelque sot... Je vous vois venir.

GEORGE DANDIN.

C'est autre chose. Ecoute.

LUBIN.

Point d'affaire. Vous voudriez que je vous dise que monsieur le vicomte vient de donner de l'argent à Claudine, et qu'elle l'a mené chez sa maîtresse. Mais je ne suis pas si bête.

GEORGE DANDIN.

De grâce.

LUBIN.

Non.

GEORGE DANDIN.

Je te donnerai.

LUBIN.

Tarare.

SCÈNE VIII.

GEORGE DANDIN, *seul.*

Je n'ai pu me servir, avec cet innocent, de la pensée que j'avais. Mais le nouvel avis qui lui est échappé ferait la même chose ; et, si le galant est chez moi, ce serait pour avoir raison aux yeux du père et de la mère, et les convaincre pleinement de l'effronterie de leur fille. Le mal de tout ceci, c'est que je ne sais comment faire pour profiter d'un tel avis. Si je rentre chez moi, je ferai évader le drôle ; et, quelque chose que je puisse voir moi-même de mon déshonneur, je n'en serai point cru à mon serment, et l'on me dira que je rêve. Si, d'autre part, je vais quérir beau-père et belle-mère sans être sûr de trouver chez moi le galant, ce sera la même chose ; et je retomberai dans l'inconvénient de tantôt. Pourrais-je point m'éclaircir doucement s'il y est encore ?

(*Après avoir regardé par le trou de la serrure.*)

Ah ciel ! il n'en faut plus douter, et je viens de l'apercevoir par le trou de la porte. Le sort me donne ici de quoi confondre ma partie ; et, pour achever l'aventure, il fait venir à point nommé les juges dont j'avais besoin.

SCÈNE IX.

MONSIEUR DE SOTENVILLE, MADAME DE SOTENVILLE, GEORGE DANDIN.

GEORGE DANDIN.

Enfin, vous ne m'avez pas voulu croire tantôt, et votre fille l'a emporté sur moi : mais j'ai en main de quoi vous faire voir comme elle m'accommode; et, dieu merci, mon déshonneur est si clair maintenant, que vous n'en pourrez plus douter.

M. DE SOTENVILLE.

Comment! mon gendre, vous en êtes encore là-dessus?

GEORGE DANDIN.

Oui, j'y suis, et jamais je n'eus tant de sujet d'y être.

MADAME DE SOTENVILLE.

Vous nous venez encore étourdir la tête?

GEORGE DANDIN.

Oui, madame; et l'on fait bien pis à la mienne.

M. DE SOTENVILLE.

Ne vous lassez-vous point de vous rendre importun?

GEORGE DANDIN.

Non; mais je me lasse fort d'être pris pour dupe.

MADAME DE SOTENVILLE.

Ne voulez-vous point vous défaire de vos pensées extravagantes?

GEORGE DANDIN.

Non, madame ; mais je voudrais bien me défaire d'une femme qui me déshonore.

MADAME DE SOTENVILLE.

Jour de dieu ! notre gendre, apprenez à parler.

M. DE SOTENVILLE.

Corbleu ! cherchez des termes moins offensants que ceux-là.

GEORGE DANDIN.

Marchand qui perd ne peut rire.

MADAME DE SOTENVILLE.

Souvenez-vous que vous avez épousé une demoiselle.

GEORGE DANDIN.

Je m'en souviens assez, et ne m'en souviendrai que trop.

M. DE SOTENVILLE.

Si vous vous en souvenez, songez donc à parler d'elle avec plus de respect.

GEORGE DANDIN.

Mais que ne songe-t-elle plutôt à me traiter plus honnêtement ? Quoi ! parce qu'elle est demoiselle, il faut qu'elle ait la liberté de me faire ce qui lui plaît, sans que j'ose souffler ?

M. DE SOTENVILLE.

Qu'avez-vous donc, et que pouvez-vous dire ? N'avez-vous pas vu ce matin qu'elle s'est défendue de connaître celui dont vous m'étiez venu parler ?

GEORGE DANDIN.

Oui ; mais vous, que pourrez-vous dire si je

vous fais voir maintenant que le galant est avec elle ?

MADAME DE SOTENVILLE.

Avec elle ?

GEORGE DANDIN.

Oui, avec elle, et dans ma maison.

M. DE SOTENVILLE.

Dans votre maison ?

GEORGE DANDIN.

Oui, dans ma propre maison.

MADAME DE SOTENVILLE.

Si cela est, nous serons pour vous contre elle.

M. DE SOTENVILLE.

Oui, l'honneur de notre famille nous est plus cher que toute autre chose ; et, si vous dites vrai, nous la renoncerons pour notre sang, et l'abandonnerons à votre colere.

GEORGE DANDIN.

Vous n'avez qu'à me suivre.

MADAME DE SOTENVILLE.

Gardez de vous tromper.

M. DE SOTENVILLE.

N'allez pas faire comme tantôt.

GEORGE DANDIN.

Mon dieu ! vous allez voir. (*montrant Clitandre qui sort avec Angélique.*) Tenez, ai-je menti ?

SCÈNE X.

ANGÉLIQUE, CLITANDRE, CLAUDINE; MONSIEUR DE SOTENVILLE ET MADAME DE SOTENVILLE AVEC GEORGE DANDIN, *dans le fond du théâtre.*

ANGÉLIQUE, *à Clitandre.*

Adieu; j'ai peur qu'on vous surprenne ici, et j'ai quelques mesures à garder.

CLITANDRE.

Promettez-moi donc, madame, que je pourrai vous parler cette nuit.

ANGÉLIQUE.

J'y ferai mes efforts.

GEORGE DANDIN, *à monsieur et à madame de Sotenville.*

Approchons doucement par derrière, et tâchons de n'être point vus.

CLAUDINE.

Ah! madame, tout est perdu! Voilà votre père et votre mère, accompagnés de votre mari.

CLITANDRE.

Ah ciel!

ANGELIQUE, *bas, à Clitandre et à Claudine.*

Ne faites pas semblant de rien et me laissez faire tous deux. (*haut à Clitandre.*) Quoi! vous osez en user de la sorte, après l'affaire de tantôt, et c'est ainsi que vous dissimulez vos sentiments! On me vient rapporter que vous avez de l'amour pour moi, et que vous avez des desseins de me solliciter; j'en témoigne mon dépit, et m'explique à vous clairement en présence de tout le monde; vous niez hautement la chose, et me donnez parole de n'avoir aucune pensée de m'offenser : et cependant le même jour vous prenez la hardiesse de venir chez moi me rendre visite, de me dire que vous m'aimez, et de me faire cent sots contes, pour me persuader de répondre à vos extravagances, comme si j'étais femme à violer la foi que j'ai donnée à un mari, et m'éloigner jamais de la vertu que mes parents m'ont enseignée! Si mon père savait cela, il vous apprendrait bien à tenter de ces entreprises! Mais une honnête femme n'aime point les éclats; je n'ai garde de lui en rien dire;

(*après avoir fait signe à Claudine d'apporter un bâton.*)

et je veux vous montrer que, toute femme que je suis, j'ai assez de courage pour me venger moi-même des offenses que l'on me fait. L'action que vous avez faite n'est pas d'un gentilhomme, et ce n'est pas en gentilhomme aussi que je veux vous traiter.

(*Angélique prend le bâton et le lève sur Clitandre, qui se range de façon que les coups tombent sur George Dandin.*)

CLITANDRE, *criant comme s'il avait été frappé.*
Ah! ah! ah! ah! doucement!

SCÈNE XI.

MONSIEUR DE SOTENVILLE, MADAME DE SOTENVILLE, ANGÉLIQUE, GEORGE DANDIN, CLAUDINE.

CLAUDINE.

Fort! madame, frappez comme il faut.

ANGÉLIQUE, *faisant semblant de parler à Clitandre.*

S'il vous demeure quelque chose sur le cœur, je suis pour vous répondre.

CLAUDINE.

Apprenez à qui vous vous jouez.

ANGÉLIQUE, *faisant l'étonnée.*

Ah! mon père, vous êtes la!

M. DE SOTENVILLE.

Oui, ma fille; et je vois qu'en sagesse et en courage tu te montres un digne rejeton de la maison de Sotenville. Viens çà, approche-toi que je t'embrasse.

MADAME DE SOTENVILLE.

Embrasse-moi aussi, ma fille. Las! je pleure de joie, et reconnais mon sang aux choses que tu viens de faire.

M. DE SOTENVILLE.

Mon gendre, que vous devez être ravi! et que cette aventure est pour vous pleine de douceurs! Vous aviez un juste sujet de vous alarmer; mais vos soupçons se trouvent dissipés le plus avantageusement du monde.

MADAME DE SOTENVILLE.

Sans doute, notre gendre, et vous devez maintenant être le plus content des hommes.

CLAUDINE.

Assurément. Voilà une femme, celle-là! vous êtes trop heureux de l'avoir, et vous devriez baiser les pas où elle passe.

GEORGE DANDIN, *à part.*

Hé! traîtresse!

M. DE SOTENVILLE.

Qu'est-ce, mon gendre? Que ne remerciez-vous un peu votre femme de l'amitié que vous voyez qu'elle montre pour vous?

ANGELIQUE.

Non, non, mon pere, il n'est pas nécessaire: il ne m'a aucune obligation de ce qu'il vient de voir, et tout ce que j'en fais n'est que pour l'amour de moi-même.

M. DE SOTENVILLE.

Où allez-vous, ma fille?

ANGELIQUE.

Je me retire, mon père, pour ne me voir point obligée à recevoir ses compliments.

CLAUDINE, *à George Dandin.*

Elle a raison d'être en colère. C'est une femme qui mérite d'être adorée, et vous ne la traitez pas comme vous devriez.

GEORGE DANDIN, *à part.*

Scélérate !

SCÈNE XII.

MONSIEUR DE SOTENVILLE, MADAME DE SOTENVILLE, GEORGE DANDIN.

M. DE SOTENVILLE.

C'est un petit ressentiment de l'affaire de tantôt, et cela se passera avec un peu de caresses que vous lui ferez. Adieu, mon gendre ; vous voilà en état de ne vous plus inquiéter. Allez-vous-en faire la paix ensemble, et tâchez de l'appaiser par des excuses de votre emportement.

MADAME DE SOTENVILLE.

Vous devez considérer que c'est une jeune fille élevée à la vertu, et qui n'est point accoutumée à se voir soupçonner d'aucune vilaine action. Adieu. Je suis ravie de voir vos désordres finis, et des transports de joie que vous doit donner sa conduite.

SCÈNE XIII.

GEORGE DANDIN, *seul.*

Je ne dis mot, car je ne gagnerais rien à parler : et jamais il ne s'est rien vu d'egal à ma disgrace. Oui, j'admire mon malheur, et la subtile adresse de ma carogne de femme pour se donner toujours raison et me faire avoir tort. Est-il possible que toujours j'aurai du dessous avec elle, que les apparences toujours tourneront contre moi, et que je ne parviendrai point à convaincre mon effrontée? O ciel, seconde mes desseins, et m'accorde la grâce de faire voir aux gens que l'on me déshonore!

FIN DU SECOND ACTE.

ACTE TROISIÈME.

SCÈNE I.

CLITANDRE, LUBIN.

CLITANDRE.

La nuit est avancée, et j'ai peur qu'il ne soit trop tard. Je ne vois point à me conduire. Lubin.

LUBIN.

Monsieur?

CLITANDRE.

Est-ce par ici?

LUBIN.

Je pense que oui. Morgué! voilà une sotte nuit, d'être si noire que cela!

CLITANDRE.

Elle a tort assurément; mais, si d'un côté elle nous empêche de voir, elle empêche de l'autre que nous ne soyons vus.

LUBIN.

Vous avez raison, elle n'a pas tant de tort. Je voudrais bien savoir, monsieur, vous qui êtes savant, pourquoi il ne fait point jour la nuit.

CLITANDRE.

C'est une grande question, et qui est difficile Tu es curieux, Lubin.

LUBIN.

Oui. Si j'avais étudié, j'aurais été songer à des choses où on n'a jamais songé.

CLITANDRE.

Je le crois. Tu as la mine d'avoir l'esprit subtil et pénétrant.

LUBIN.

Cela est vrai. Tenez, j'explique du latin, quoique jamais je ne l'aie appris; et voyant l'autre jour écrit sur une grand porte, *collegium*, je devinai que cela voulait dire collége.

CLITANDRE.

Cela est admirable. Tu sais donc lire, Lubin?

LUBIN.

Oui, je sais lire la lettre moulée, mais je n'ai jamais su apprendre à lire l'écriture.

CLITANDRE.

Nous voici contre la maison. (*Après avoir frappé dans ses mains.*) C'est le signal que m'a donné Claudine.

LUBIN.

Par ma foi, c'est une fille qui vaut de l'argent, et je l'aime de tout mon cœur.

CLITANDRE.

Aussi t'ai-je amené avec moi pour l'entretenir.

LUBIN.

Monsieur, je vous suis...

CLITANDRE.

Chut. J'entends quelque bruit.

SCÈNE II.

ANGÉLIQUE, CLAUDINE, CLITANDRE, LUBIN.

ANGÉLIQUE.

Claudine.

CLAUDINE.

Hé bien?

ANGÉLIQUE.

Laisse la porte entr'ouverte.

CLAUDINE.

Voilà qui est fait.

(*Scène de nuit. Les acteurs se cherchent les uns les autres dans l'obscurité.*)

CLITANDRE, *à Lubin.*

Ce sont elles: St.

ANGÉLIQUE.

St.

LUBIN.

St.

CLAUDINE.

St.

CLITANDRE, *à Claudine, qu'il prend pour Angélique.*

Madame.

ANGÉLIQUE, *à Lubin, qu'elle prend pour Clitandre.*

Quoi?

LUBIN, *à Angélique, qu'il prend pour Claudine.*

Claudine.

CLAUDINE, *à Clitandre, qu'elle prend pour Lubin.*

Qu'est-ce ?

CLITANDRE, *à Claudine, croyant parler à Angélique.*

Ah ! madame, que j'ai de joie!

LUBIN, *à Angelique, croyant parler à Claudine.*

Claudine, ma pauvre Claudine!

CLAUDINE, *à Clitandre.*

Doucement, monsieur.

ANGÉLIQUE, *à Lubin.*

Tout beau, Lubin.

CLITANDRE.

Est-ce toi, Claudine?

CLAUDINE.

Oui.

LUBIN.

Est-ce vous, madame?

ANGÉLIQUE.

Oui.

CLAUDINE, *à Clitandre.*

Vous avez pris l'une pour l'autre.

LUBIN, *à Angélique.*

Ma foi, la nuit on n'y voit goutte.

ANGÉLIQUE.

Est-ce pas vous, Clitandre?

CLITANDRE.

Oui, madame.

ANGÉLIQUE.

Mon mari ronfle comme il faut, et j'ai pris ce temps pour nous entretenir ici.

CLITANDRE.

Cherchons quelque lieu pour nous asseoir.

CLAUDINE.

C'est fort bien avisé.

(*Angélique, Clitandre et Claudine vont s'asseoir dans le fond du théâtre.*)

LUBIN, *cherchant Claudine.*

Claudine, où est-ce que tu es?

SCÈNE III.

ANGÉLIQUE, CLITANDRE ET CLAUDINE, *assis au fond du théâtre;* GEORGE DANDIN, *à moitié déshabillé;* LUBIN.

GEORGE DANDIN, *à part.*

J'ai entendu descendre ma femme, et je me suis vite habillé pour descendre après elle. Où peut-elle être allée? Serait-elle sortie?

LUBIN, *cherchant Claudine.*

Où es-tu donc, Claudine? (*prenant George Dandin pour Claudine.*) Ah! te voilà. Par ma foi, ton maître est plaisamment attrapé, et je trouve ceci aussi drôle que les coups de bâton de tantôt, dont on m'a fait récit. Ta maîtresse dit qu'il ronfle à cette heure comme tous les diantres; et il ne sait pas que monsieur le vicomte et elle sont ensemble pendant qu'il dort. Je voudrais bien savoir quel songe il fait maintenant. Cela est tout à fait risible. De quoi s'avise-t-il aussi d'être jaloux de sa femme, et de vouloir qu'elle soit à lui tout seul? C'est un impertinent, et monsieur le vicomte lui fait trop d'honneur. Tu ne dis mot, Claudine? Allons, suivons-les, et me donne ta petite menotte, que je la baise. Ah! que cela est doux! il me semble que je mange des confitures.

(*à George Dandin qu'il prend toujours pour Claudine, et qui le repousse rudement.*)

Tubleu! comme vous y allez! Voilà une petite menotte qui est un peu bien rude.

GEORGE DANDIN.

Qui va là?

LUBIN.

Personne.

GEORGE DANDIN.

Il fuit, et me laisse informé de la nouvelle perfidie de ma coquine. Allons, il faut que, sans tarder, j'envoie appeler son père et sa mere, et que cette aventure me serve à me faire séparer d'elle. Holà! Colin, Colin!

SCÈNE IV.

ANGÉLIQUE ET CLITANDRE AVEC CLAUDINE ET LUBIN, *assis au fond du théâtre*; GEORGE DANDIN, COLIN.

COLIN, *à la fenêtre.*

Monsieur?

GEORGE DANDIN.

Allons; vîte, ici bas.

COLIN, *sautant par la fenêtre.*

M'y voilà, on ne peut pas plus vîte.

GEORGE DANDIN.

Tu es là?

COLIN.

Oui, monsieur.

(*Pendant que George Dandin va chercher Colin du côté où il a entendu sa voix, Colin passe de l'autre, et s'endort.*)

GEORGE DANDIN, *se tournant du côté où il croit qu'est Colin.*

Doucement, parle bas. Ecoute. Va-t-en chez mon beau-père et ma belle-mère, et leur dis que je les prie tres-instamment de venir tout-a-l'heure ici. Entends-tu? Hé! Colin, Colin!

COLIN, *de l'autre côté, se réveillant.*

Monsieur?

GEORGE DANDIN.

Où diable es-tu?

COLIN.

Ici.

GEORGE DANDIN.

Peste soit du maroufle qui s'éloigne de moi!

(*Pendant que George Dandin retourne du côté où il croit que Colin est resté, Colin, à moitié endormi, passe de l'autre côté, et se rendort.*)

Je te dis que tu ailles de ce pas trouver mon beau-pere et ma belle-mere, et leur dire que je les con jure de se rendre ici tout-à-l'heure. M'entends-tu bien ? Réponds. Colin, Colin !

COLIN, *de l'autre côté, se réveillant.*

Monsieur ?

GEORGE DANDIN.

Voilà un pendard qui me fera enrager. Viens t'en à moi.

(*Ils se rencontrent, et tombent tous deux.*)

Ah ! le traître ! il m'a estropié. Où est-ce que tu es ? Approche que je te donne mille coups. Je pense qu'il me fuit.

COLIN.

Assurement.

GEORGE DANDIN.

Veux-tu venir ?

COLIN.

Nenni, ma foi.

GEORGE DANDIN.

Viens, te dis-je.

COLIN.

Point. Vous me voulez battre.

GEORGE DANDIN.

Hé bien non ! Je ne te ferai rien.

COLIN.

Assurément ?

GEORGE DANDIN.

Oui. Approche. Bon. (*à Colin, qu'il tient par le bras.*) Tu es bien heureux de ce que j'ai besoin de toi. Va-t-en vîte, de ma part, prier mon beau-père et ma belle-mère de se rendre ici le plutôt qu'ils pourront, et leur dis que c'est pour une affaire de la dernière conséquence; et, s'ils faisaient quelque difficulté à cause de l'heure, ne manque pas de les presser, et de leur bien faire entendre qu'il est très-important qu'ils viennent, en quelque état qu'ils soient. Tu m'entends bien maintenant?

COLIN.

Oui, monsieur.

GEORGE DANDIN.

Va vîte, et reviens de même. (*se croyant seul.*) Et moi, je vais rentrer dans ma maison, attendant que... Mais j'entends quelqu'un. Ne serait-ce point ma femme? Il faut que j'écoute, et me serve de l'obscurité qu'il fait.

(*George Dandin se range près la porte de sa maison.*)

SCÈNE V.

ANGÉLIQUE, CLITANDRE, CLAUDINE, LUBIN, GEORGE DANDIN.

ANGÉLIQUE, *à Clitandre.*

Adieu, il est temps de se retirer.

CLITANDRE.

Quoi! sitôt!

ANGÉLIQUE.

Nous nous sommes assez entretenus.

CLITANDRE.

Ah! madame, puis-je assez vous entretenir, et trouver, en si peu de temps, toutes les paroles dont j'ai besoin ? Il me faudrait des journées entières pour me bien expliquer à vous de tout ce que je sens ; et je ne vous ai pas dit encore la moindre partie de ce que j'ai à vous dire.

ANGÉLIQUE.

Nous en écouterons une autre fois davantage.

CLITANDRE.

Hélas ! de quel coup me percez-vous l'ame, lorsque vous parlez de vous retirer ! et avec combien de chagrins m'allez-vous laisser maintenant !

ANGÉLIQUE.

Nous trouverons moyen de nous revoir.

CLITANDRE.

Oui ; mais je songe qu'en me quittant vous allez trouver un mari. Cette pensée m'assassine, et les priviléges qu'ont les maris sont des choses cruelles pour un amant qui aime bien.

ANGÉLIQUE.

Serez-vous assez faible pour avoir cette inquiétude ? et pensez-vous qu'on soit capable d'aimer de certains maris qu'il y a ? On les prend parce qu'on ne s'en peut défendre, et que l'on dépend de parents qui n'ont des yeux que pour le bien ; mais on sait leur rendre justice, et l'on se moque fort de les considérer au-delà de ce qu'ils méritent.

GEORGE DANDIN, *à part.*

Voilà nos carognes de femmes !

CLITANDRE.

Ah ! qu'il faut avouer que celui qu'on vous a donné était peu digne de l'honneur qu'il a reçu ! et que c'est une étrange chose que l'assemblage qu'on a fait d'une personne comme vous avec un homme comme lui !

GEORGE DANDIN.

Pauvres maris, voilà comme on vous traite?

CLITANDRE.

Vous méritez, sans doute, une toute autre destinée, et le ciel ne vous a point fait pour être la femme d'un paysan.

GEORGE DANDIN.

Plût au ciel fût-elle la tienne ! tu changerais bien de langage. Rentrons, c'en est assez.

(*George Dandin, étant rentré, ferme la porte en dedans.*)

SCÈNE VI.

ANGÉLIQUE, CLITANDRE, CLAUDINE, LUBIN.

CLAUDINE.

Madame, si vous avez à dire du mal de votre mari, dépêchez vîte, car il est tard.

CLITANDRE.

Ah ! Claudine, que tu es cruelle !

ANGÉLIQUE, *à Clitandre.*

Elle a raison, séparons nous.

CLITANDRE.

Il faut donc s'y résoudre, puisque vous le voulez ; mais au moins je vous conjure de me plaindre un peu des méchants moments que je vais passer.

ANGÉLIQUE.

Adieu.

LUBIN.

Où es tu, Claudine? que je te donne le bon soir.

CLAUDINE.

Va, va, je le reçois de loin, et je t'en renvoie autant.

SCÈNE VII.

ANGÉLIQUE, CLAUDINE.

ANGÉLIQUE.

Rentrons sans faire de bruit.

CLAUDINE.

La porte s'est fermée.

ANGÉLIQUE.

J'ai le passe-par-tout.

CLAUDINE.

Ouvrez donc doucement.

ANGÉLIQUE.

On a fermé en dedans; et je ne sais comment nous ferons.

CLAUDINE.

Appelez le garçon qui couche là.

ANGÉLIQUE.

Colin! Colin! Colin!

SCÈNE VIII.

GEORGE DANDIN, ANGÉLIQUE, CLAUDINE.

GEORGE DANDIN, *à la fenêtre.*

Colin! Colin! Ah! je vous y prends donc, madame ma femme; et vous faites des *escampativos* pendant que je dors! Je suis bien aise de cela, et de vous voir dehors à l'heure qu'il est.

ANGÉLIQUE.

Hé bien! quel grand mal est-ce qu'il y a à prendre le frais de la nuit?

GEORGE DANDIN.

Oui, oui, l'heure est bonne à prendre le frais. C'est bien plutôt le chaud, madame la coquine; et nous savons toute l'intrigue du rendez-vous et du damoiseau. Nous avons entendu votre galant entretien, et les beaux vers à ma louange que vous avez dits l'un et l'autre. Mais ma consolation, c'est que je vais être vengé, et que votre père et votre mère seront convaincus maintenant de la justice de mes plaintes, et du déréglement de votre conduite. Je les ai envoyé quérir, et ils vont être ici dans un moment.

ANGÉLIQUE, *à part.*

Ah ciel!

CLAUDINE.

Madame!

GEORGE DANDIN.

Voilà un coup sans doute où vous ne vous attendiez pas. C'est maintenant que je triomphe, et j'ai de quoi mettre à bas votre orgueil et détruire vos artifices. Jusqu'ici vous avez joué mes accusations, ébloui vos parents, et plâtré vos malversations. J'ai eu beau voir et beau dire, votre adresse toujours l'a emporté sur mon bon droit, et toujours vous avez trouvé moyen d'avoir raison; mais à cette fois, dieu merci, les choses vont être éclaircies, et votre effronterie sera pleinement confondue.

ANGÉLIQUE.

Hé! je vous prie, faites-moi ouvrir la porte.

GEORGE DANDIN.

Non, non; il faut attendre la venue de ceux que j'ai mandés, et je veux qu'ils vous trouvent dehors a la belle heure qu'il est. En attendant qu'ils viennent, songez, si vous voulez, a chercher dans votre tête quelque nouveau détour pour vous tirer de cette affaire; à inventer quelque moyen de rhabiller votre escapade; à trouver quelque belle ruse pour éluder ici les gens et paraître innocente; quelque prétexte spécieux de pélerinage nocturne, ou d'amie en travail d'enfant que vous veniez de secourir.

ANGÉLIQUE.

Non, mon intention n'est pas de vous rien déguiser. Je ne prétends point me défendre, ni vous nier les choses, puisque vous les savez.

GEORGE DANDIN.

C'est que vous voyez bien que tous les moyens vous en sont fermés, et que dans cette affaire vous ne sauriez inventer d'excuse qu'il ne me soit facile de convaincre de fausseté.

ANGÉLIQUE.

Oui, je confesse que j'ai tort, et que vous avez sujet de vous plaindre; mais je vous demande par grâce de ne m'exposer point maintenant à la mauvaise humeur de mes parents, et de me faire promptement ouvrir.

GEORGE DANDIN.

Je vous baise les mains.

ANGÉLIQUE.

Hé! mon pauvre petit mari, je vous en conjure.

GEORGE DANDIN.

Ah! mon pauvre petit mari? Je suis votre petit mari maintenant parce que vous vous sentez prise. Je suis bien aise de cela; et vous ne vous étiez jamais avisée de me dire de ces douceurs.

ANGÉLIQUE.

Tenez, je vous promets de ne vous plus donner aucun sujet de déplaisir, et de me...

GEORGE DANDIN.

Tout cela n'est rien. Je ne veux point perdre cette aventure, et il m'importe qu'on soit une fois éclairci à fond de vos déportements.

ANGÉLIQUE.

De grâce, laissez-moi vous dire. Je vous demande un moment d'audience.

GEORGE DANDIN.

Hé bien ? quoi ?

ANGÉLIQUE.

Il est vrai que j'ai failli, je vous l'avoue encore une fois, et que votre ressentiment est juste ; que j'ai pris le temps de sortir pendant que vous dormiez, et que cette sortie est un rendez-vous que j'avais donné à la personne que vous dites : mais enfin ce sont des actions que vous devez pardonner à mon âge, des emportements de jeune personne qui n'a encore rien vu, et ne fait que d'entrer au monde ; des libertés où l'on s'abandonne sans y penser de mal, et qui, sans doute, dans le fond n'ont rien de...

GEORGE DANDIN.

Oui, vous le dites, et ce sont de ces choses qui ont besoin qu'on les croie pieusement.

ANGÉLIQUE.

Je ne veux point m'excuser par-là d'être coupable envers vous, et je vous prie seulement d'oublier une offense dont je vous demande pardon de tout mon cœur, et de m'épargner en cette rencontre le déplaisir que me pourraient causer les reproches fâcheux de mon père et de ma mère. Si vous m'accordez généreusement la grâce que je vous demande, ce procédé obligeant, cette bonté que vous me ferez voir me gagnera entièrement ; elle touchera tout-à-fait mon cœur, et y fera naître pour vous ce que tout le pouvoir de mes parents et les liens du mariage n'avaient pu y jeter ; en un mot, elle sera cause que je renoncerai à toutes les galanteries, et n'aurai de l'attachement que pour vous. Oui, je vous donne ma parole que vous m'allez voir désormais la meilleure femme du monde, et que je vous témoignerai tant d'amitié, tant d'amitié, que vous en serez satisfait.

GEORGE DANDIN.

Ah! crocodile qui flatte les gens pour les étrangler!

ANGÉLIQUE.

Accordez-moi cette faveur.

GEORGE DANDIN.

Point d'affaire, je suis inexorable.

ANGÉLIQUE.

Montrez-vous généreux.

GEORGE DANDIN.

Non.

ANGÉLIQUE.

De grâce.

GEORGE DANDIN.

Point.

ANGÉLIQUE.

Je vous en conjure de tout mon cœur.

GEORGE DANDIN.

Non, non, non. Je veux qu'on soit détrompé de vous, et que votre confusion éclate.

ANGÉLIQUE.

Hé bien! si vous me réduisez au désespoir, je vous avertis qu'une femme en cet état est capable de tout, et que je ferai quelque chose ici dont vous vous repentirez.

GEORGE DANDIN.

Et que ferez-vous, s'il vous plaît?

ANGÉLIQUE.

Mon cœur se portera jusqu'aux extrêmes résolutions, et, de ce couteau que voici, je me tuerai sur la place.

GEORGE DANDIN.

Ah! ah! à la bonne heure.

ANGÉLIQUE.

Pas tant à la bonne heure pour vous que vous vous imaginez. On sait de tous côtes nos différends et les chagrins perpétuels que vous concevez contre moi. Lorsqu'on me trouvera morte, il n'y aura personne qui mette en doute que ce ne soit vous qui m'aurez tuée; et mes parents ne sont pas gens assurément à laisser cette mort impunie, et ils en feront sur votre personne toute la punition que leur pourront offrir et les poursuites de la justice et la chaleur de leur ressentiment. C'est par-là que je trouverai moyen de me venger de vous; et je ne suis pas la première qui ait su recourir à de pareilles vengeances, qui n'ait pas fait difficulté de se donner la mort pour perdre ceux qui ont la cruauté de nous pousser à la dernière extrémité.

GEORGE DANDIN.

Je suis votre valet. On ne s'avise plus de se tuer soi-même; et la mode en est passée il y a longtemps.

ANGÉLIQUE.

C'est une chose dont vous pouvez vous tenir sûr; et, si vous persistez dans votre refus, si vous ne me faites ouvrir, je vous jure que tout-à-l'heure je vais vous faire voir jusqu'où peut aller la resolution d'une personne qu'on met au désespoir.

GEORGE DANDIN.

Bagatelles! bagatelles! c'est pour me faire peur.

ANGÉLIQUE.

Hé bien! puisqu'il le faut, voici qui nous contentera tous deux, et montrera si je me moque. (*apres avoir fait semblant de se tuer.*) Ah! c'en est fait! fasse le ciel que ma mort soit vengée comme je le souhaite, et que celui qui en est cause reçoive un juste châtiment de la dureté qu'il a eue pour moi!

GEORGE DANDIN.

Ouais! seroit-elle bien si malicieuse que de s'être tuée pour me faire pendre? Prenons un bout de chandelle pour aller voir.

SCÈNE IX.

ANGÉLIQUE, CLAUDINE.

ANGÉLIQUE, *à Claudine.*

St! Paix! Rangeons-nous chacune immédiatement contre un des côtés de la porte.

SCÈNE X.

ANGÉLIQUE ET CLAUDINE, *entrant dans la maison au moment que George Dandin en sort, et fermant la porte en dedans;* GEORGE DANDIN, *une chandelle à la main.*

GEORGE DANDIN.

La méchanceté d'une femme irait-elle bien jusques-là? (*seul, après avoir regardé partout.*) Il n'y a personne. He! je m'en étais bien douté; et la pendarde s'est retirée, voyant qu'elle ne gagnait rien après moi, ni par prières, ni par menaces. Tant mieux, cela rendra ses affaires encore plus mauvaises; et le pere et la mère, qui vont venir, en verront mieux son crime. (*après avoir été a la porte de sa maison pour rentrer.*) Ah! ah! la porte s'est fermée Hola! oh! quelqu'un! qu'on m'ouvre promptement.

SCÈNE XI.

ANGÉLIQUE ET CLAUDINE, *à la fenêtre;* GEORGE DANDIN.

ANGÉLIQUE.

Comment! c'est toi! D'où viens-tu, bon pendard? Est-il l'heure de revenir chez soi, quand le jour est près de paraître? et cette manière de vie est-elle celle que doit suivre un honnête mari?

CLAUDINE.

Cela est-il beau d'aller ivrogner toute la nuit, et de laisser ainsi toute seule une pauvre jeune femme dans la maison?

GEORGE DANDIN.

Comment! vous avez...

ANGELIQUE.

Va, va, traître, je suis lasse de tes deportements, et je m'en veux plaindre sans plus tarder a mon père et à ma mère.

GEORGE DANDIN.

Quoi! c'est ainsi que vous osez...

SCÈNE XII.

MONSIEUR DE SOTENVILLE ET MADAME DE SOTENVILLE, *en déshabillé de nuit;* COLIN, *portant une lanterne;* ANGELIQUE ET CLAUDINE, *à la fenêtre;* GEORGE DANDIN.

ANGÉLIQUE, *à M. et à madame de Sotenville.*

Approchez, de grâce; et venez me faire raison de l'insolence la plus grande du monde, d'un mari a qui le vin et la jalousie ont troublé de telle sorte la cervelle, qu'il ne sait plus ni ce qu'il dit ni ce qu'il fait, et vous a lui-même envoyé quérir pour vous faire témoins de l'extravagance la plus étrange dont on ait jamais oui parler. Le voila qui revient, comme vous voyez, après s'être fait attendre toute la nuit: et, si vous voulez l'écouter, il vous dira qu'il a les plus grandes plaintes du monde à se faire de moi; que, durant qu'il dormait, je me suis dérobée d'auprès de lui pour m'en aller courir, et cent autres contes de même nature qu'il est allé rêver.

GEORGE DANDIN, *à part.*

Voilà une méchante carogne!

CLAUDINE.

Oui, il nous a voulu faire accroire qu'il était dans la maison, et que nous en étions dehors; et c'est une folie qu'il n'y a pas moyen de lui ôter de la tête.

M. DE SOTENVILLE.

Comment! qu'est-ce à dire cela?

MADAME DE SOTENVILLE.

Voilà une furieuse impudence que de nous envoyer quérir!

GEORGE DANDIN.

Jamais...

ANGÉLIQUE.

Non, mon père, je ne puis plus souffrir un mari de la sorte; ma patience est poussée à bout; et il vient de me dire cent paroles injurieuses.

M. DE SOTENVILLE, *à George Dandin.*

Corbleu! vous êtes un mal-honnête homme!

CLAUDINE.

C'est une conscience de voir une pauvre jeune femme traitée de la façon; et cela crie vengeance au ciel.

GEORGE DANDIN.

Peut-on...?

M. DE SOTENVILLE.

Allez, vous devriez mourir de honte.

GEORGE DANDIN.

Laissez-moi vous dire deux mots.

ANGÉLIQUE.

Vous n'avez qu'à l'écouter, il va vous en conter de belles.

GEORGE DANDIN, *à part.*

Je désespère.

CLAUDINE.

Il a tant bu, que je ne pense pas qu'on puisse durer contre lui; et l'odeur du vin qu'il souffle est montée jusqu'à nous.

GEORGE DANDIN.

Monsieur mon beau-père, je vous conjure...

M. DE SOTENVILLE.

Retirez-vous, vous puez le vin a pleine bouche.

GEORGE DANDIN.

Madame, je vous prie...

MADAME DE SOTENVILLE.

Fi! ne m'approchez pas, votre haleine est empestée.

GEORGE DANDIN, *à M. de Sotenville.*

Souffrez que je vous...

M. DE SOTENVILLE.

Retirez-vous, vous dis-je: on ne peut vous souffrir.

GEORGE DANDIN, *à madame de Sotenville.*

Permettez, de grâce, que...

MADAME DE SOTENVILLE.

Pouah ! vous m'engloutissez le cœur. Parlez de loin, si vous voulez.

GEORGE DANDIN.

Hé bien ! oui, je parle de loin. Je vous jure que je n'ai bougé de chez moi, et que c'est elle qui est sortie.

ANGÉLIQUE.

Ne voilà pas ce que je vous ai dit ?

CLAUDINE.

Vous voyez quelle apparence il y a.

M. DE SOTENVILLE, *à George Dandin.*

Allez, vous vous moquez des gens. Descendez, ma fille, et venez ici.

SCÈNE XIII.

MONSIEUR DE SOTENVILLE, MADAME DE SOTENVILLE, GEORGE DANDIN, COLIN.

GEORGE DANDIN.

J'atteste le ciel que j'étais dans la maison, et que...

M. DE SOTENVILLE.

Taisez-vous, c'est une extravagance qui n'est pas supportable.

GEORGE DANDIN.

Que la foudre m'écrase tout-à-l'heure, si...

M. DE SOTENVILLE.

Ne nous rompez pas davantage la tête, et songez à demander pardon à votre femme.

GEORGE DANDIN.

Moi! demander pardon?

M. DE SOTENVILLE.

Oui, pardon, et sur-le-champ.

GEORGE DANDIN.

Quoi! je...

M. DE SOTENVILLE.

Corbleu! si vous me répliquez, je vous apprendrai ce que c'est que de vous jouer à nous.

GEORGE DANDIN.

Ah! George Dandin!

SCÈNE XIV.

MONSIEUR DE SOTENVILLE, MADAME DE SOTENVILLE, GEORGE DANDIN, ANGELIQUE, CLAUDINE, COLIN.

M. DE SOTENVILLE.

Allons, venez, ma fille, que votre mari vous demande pardon.

ANGÉLIQUE.

Moi! lui pardonner tout ce qu'il m'a dit? Non, non, mon père, il m'est impossible de m'y résoudre; et je vous prie de me séparer d'un mari avec lequel je ne saurais plus vivre.

CLAUDINE.

Le moyen d'y résister !

M. DE SOTENVILLE.

Ma fille, de semblables séparations ne se font point sans grand scandale ; et vous devez vous montrer plus sage que lui, et patienter encore cette fois.

ANGÉLIQUE.

Comment ? patienter, après de telles indignités ? Non, mon père, c'est une chose où je ne puis consentir.

M. DE SOTENVILLE.

Il le faut, ma fille ; et c'est moi qui vous le commande.

ANGÉLIQUE.

Ce mot me ferme la bouche, et vous avez sur moi une puissance absolue.

CLAUDINE.

Quelle douceur !

ANGÉLIQUE.

Il est fâcheux d'être contraint d'oublier de telles injures, mais, quelque violence que je me fasse, c'est à moi de vous obéir.

CLAUDINE.

Pauvre mouton !

M. DE SOTENVILLE, *à Angélique.*

Approchez.

ANGÉLIQUE.

Tout ce que vous me faites faire ne servira de

rien; et vous verrez que ce sera dès demain à recommencer.

M. DE SOTENVILLE.

Nous y donnerons ordre. (*à George Dandin.*) Allons, mettez-vous à genoux.

GEORGE DANDIN.

A genoux?

M. DE SOTENVILLE.

Oui, à genoux, et sans tarder.

GEORGE DANDIN, *à genoux, une chandelle à la main.*

(*à part.*) (*à M. de Sotenville.*)
O ciel! Que faut-il dire?

M. DE SOTENVILLE.

Madame, je vous prie de me pardonner...

GEORGE DANDIN.

Madame, je vous prie de me pardonner...

M. DE SOTENVILLE.

L'extravagance que j'ai faite....

GEORGE DANDIN.

L'extravagance que j'ai faite... (*à part.*) de vous épouser.

M. DE SOTENVILLE.

Et je vous promets de mieux vivre à l'avenir.

GEORGE DANDIN.

Et je vous promets de mieux vivre à l'avenir.

M. DE SOTENVILLE, *à George Dandin.*

Prenez-y garde, et sachez que c'est ici la dernière de vos impertinences que nous souffrirons.

MADAME DE SOTENVILLE.

Jour de dieu! si vous y retournez, on vous apprendra le respect que vous devez à votre femme, et à ceux de qui elle sort.

M. DE SOTENVILLE.

Voilà le jour qui va paraître. Adieu.

(*a George Dandin.*)

Rentrez chez vous, et songez bien à être sage.

(*à madame de Sotenville.*)

Et nous, m'amour, allons nous mettre au lit.

SCÈNE XV.

GEORGE DANDIN.

Ah! je le quitte maintenant, et je n'y vois plus de remede. Lorsqu'on a, comme moi, épousé une méchante femme, le meilleur parti qu'on puisse prendre, c'est de s'aller jeter dans l'eau la tête la première.

FIN DU TOME QUATRIÈME.

www.ingramcontent.com/pod-product-compliance
Lightning Source LLC
Chambersburg PA
CBHW072021080426
42733CB00010B/1777

9782011857477